"一带一路"沿线国家投资法丛书

埃及新投资法

刘志强 译著

知识产权出版社

图书在版编目（CIP）数据

埃及新投资法 / 刘志强译著 . —北京：知识产权出版社，2019.6
ISBN 978-7-5130-6295-4

Ⅰ.①埃… Ⅱ.①刘… Ⅲ.①投资–金融法–埃及 Ⅳ.① D941.122.8

中国版本图书馆 CIP 数据核字（2019）第 108865 号

内容提要

本书通过对新《投资法》以及实施条例阿拉伯语原文的翻译，并查阅对比之前的投资法律，对埃及目前投资法律体系及关联法律进行解读、分析。随着"一带一路"倡议的推进和"埃及2030 愿景"进一步相向对接，埃及正释放着巨大的投资机遇，了解埃及新《投资法》对中国在埃及投资的健康发展十分必要。

责任编辑：李　婧　　　　　责任印制：孙婷婷

"一带一路"沿线国家投资法丛书

埃及新投资法
AIJI XIN TOUZIFA

刘志强　译著

出版发行：知识产权出版社有限责任公司	网　　址：http://www.ipph.cn
电　　话：010-82004826	http://www.laichushu.com
社　　址：北京市海淀区气象路 50 号院	邮　　编：100081
责编电话：010-82000860 转 8594	责编邮箱：laichushu@cnipr.com
发行电话：010-82000860 转 8101	发行传真：010-82000893
印　　刷：北京虎彩文化传播有限公司	经　　销：各大网上书店、新华书店及相关专业书店
开　　本：710mm×1000mm　1/16	印　　张：13.5
版　　次：2019 年 6 月第 1 版	印　　次：2019 年 6 月第 1 次印刷
字　　数：200 千字	定　　价：56.00 元

ISBN 978-7-5130-6295-4

出版权专有　侵权必究
如有印装质量问题，本社负责调换。

PREFACE 序言

很荣幸能为好友志强的译著作序。这本书是他无数个日日夜夜辛勤努力的结晶，为中国投资者了解埃及政策法规打开了一扇窗。

我和志强相识于 2009 年的天津外国语学院（2010 年经教育部批准更名为天津外国语大学）。当时迪拜环球港务基金向全国对外友协捐赠了一笔资金，用于增进中阿间的文化交流，天津外国语学院作为受委托单位，利用这笔资金开办了两期阿拉伯语培训班，我有幸参加了全部课程。和志强结识是在第二期培训班，他学习非常努力，每周三次课程都要从塘沽赶到市里，功夫不负有心人，他的阿语从只能生硬阅读到熟练应用，最后还考取了天津外国语大学的研究生，学习阿拉伯语。志强的职业是律师，学习阿拉伯语后，他多次前往阿拉伯国家考察，发现目前国内几乎没有关于阿拉伯国家投资方面的最新法律法规译著，他决定从埃及这个阿拉伯世界最早与我国建交并与我国建立全面战略合作伙伴关系的国家开始，结合埃及目前投资现状将最新的投资法介绍给国人，给中国投资者带去更多的信息，更好地服务"一带一路"建设。

希望本书的出版只是一个开始，今后还会有更多阿拉伯国家投资法律方面的译著面世，助力中国经济"走出去"。

2019 年 4 月 10 日

CONTENTS 目录

第一章　埃及投资立法背景 001
　　第一节　埃及经济发展方针变化 001
　　第二节　相应投资法律的不断更新 003
　　第三节　新《投资法》的出台 006

第二章　新《投资法》的亮点 009

第三章　投资制度 015
　　第一节　定义 015
　　第二节　投资目标和原则 016
　　第三节　国内投资制度 020
　　第四节　投资性园区制度 024
　　第五节　科技园区制度 029
　　第六节　自由贸易区制度 030

第四章　投资领域 047
　　第一节　投资领域的分类结构做出重大调整 047
　　第二节　新法投资领域详解 048
　　第三节　开辟新投资领域和前沿项目 063

第五章　投资保障和鼓励 065

第一节　投资保障 065

第二节　投资鼓励 072

第三节　投资者的社会责任 078

第六章　管理机构 081

第一节　最高投资委员会及内阁 081

第二节　投资和自由贸易区总局 083

第三节　投资者服务中心 089

第四节　认证办公室 096

第七章　争议解决 101

第一节　复议委员会 101

第二节　投资争议解决部级委员会 103

第三节　投资合同争议解决部级委员会 104

第四节　友好方式解决争议及设立仲裁调解中心 105

附录 107

附录1　2017年72号《投资法》 107

附录2　2017年第2310号《投资法实施条例》 149

附录3　公司设立费用参考表 211

第一章 埃及投资立法背景

自1952年阿拉伯埃及共和国成立以来，除去对国家安全的考虑，困扰埃及发展的最大问题，就是如何从被美国国家开发署及世界银行描绘的"拥挤的河谷，空荡的沙漠""暴增人口亟须空间发展"的苍凉画面中走出来。埃及国土面积为100.14万平方千米，其中94%为沙漠，尼罗河河谷及三角洲地带聚集着埃及95%的人口，但这块被尼罗河灌溉的地区并不都是可耕种的土地，随着工业化、城市化进程的发展，截至2013年，可耕种土地只介乎于1.4万~1.7万平方千米，根据埃及水资源和灌溉部在2005年发布的《埃及——2017年国家水资源计划》中的统计：1983—1995年，平均每年丧失9.58平方千米耕地。甚至有专家夸张地预测：到21世纪末，传统的河谷耕地将彻底丧失。不难看出，走出河谷走向沙漠是埃及发展的必然选择，正如埃及前总统穆罕默德·胡斯尼·穆巴拉克1996年在埃及国会演讲的那样："征服沙漠不再是一个口号和梦想，而是人口急剧攀升下的大势所趋。"因此，围绕沙漠拓荒这个大命题，埃及历届政府不断探索发展方案，依靠自身国力的同时也在如何吸引利用外资、对外开放方面不断探索。

第一节 埃及经济发展方针变化

在研究埃及共和国建立后的发展方针问题上，不同学者有着不同的划分方式。如有的学者在 2004 年 2 月发布的《世界银行农业和农村发展工作报告》中将埃及的拓荒发展分为两个阶段：1960—1985 年的"Old New Lands"和 1985 年后的"New New Lands"；有的学者将 1953—1970 年划分为早期拓荒发展时期，20 世纪 70 年代中期到 90 年代中期为多方针发展时期，以及 1997 年以托西卡计划（برنامج توشكى）为标志开启的大型项目时期。结合当时的主要政治背景，概括性地总结如下。

一、以小型农户为主的传统平面延伸式发展

自 1952 年阿拉伯埃及共和国建立伊始，沿河谷地区以各种小型农户为主的沙漠开垦项目始终不断，但是并没有集中开垦的方案。苏伊士运河收归国有后，1958 年迦玛尔·阿卜杜尔·纳赛尔总统在胜利日演说中直接表达出"转向西部沙漠，建设一条和尼罗河谷平行的新河谷"。此时的发展方针是朝向西的。埃及的沙漠和其北非阿拉伯兄弟国家摩洛哥、阿尔及利亚及突尼斯的沙漠分布不同，埃及的沙漠毗邻河谷传统耕作地区和海岸沿线，这使埃及政府很自然地做出平面延伸式的发展方针。

二、曲折中开拓河谷沿岸及三角洲地区

从 20 世纪 60 年代到 80 年代中期，这期间由于 1967 年第三次中东战争的爆发，埃及的西奈半岛被以色列占领，埃及政府不得不为了国家安全关闭苏伊士运河，直到第四次中东战争的次年（即 1974 年）苏伊士运河才重新开放。这一时期在苏联的援建下，阿斯旺大坝建成运行，巨大人工湖纳赛尔湖为农业灌溉提供了充足的水资源。埃及政府针对无法朝东发展的国情，继续在与传统耕作土地接壤的沙漠地带和沿海岸线的沙漠地带进行拓荒开垦。这个时期埃及政府开始着手东三角洲地区和西三角洲的拓荒发展，这一变化的前提是西奈半岛问题的和平解决，它为这个地区的发展提供了安全保障。

三、向东、向南远离河谷地区发展

1977年穆罕默德·安瓦尔·萨达特总统和以色列单独签署和平协议，成功地收复大部分西奈半岛（萨达特总统的这一行为被其他阿拉伯国家视为"背叛"，各阿拉伯国家随即和埃及断交，埃及也被开除出阿拉伯联盟），之后在1982年，穆巴拉克总统收复全部西奈半岛。因此，在20世纪80年代中期后，埃及政府趁着领土回归之际做出了远离河谷地区向东部及西奈半岛发展的决策。同时，南部沙漠地区的发展也提上日程，以1997年启动的托西卡计划为标志，在尼罗河西侧以大型人工湖托西卡湖为中心，贯通尼罗河东侧的纳赛尔湖，辅以诸多人工渠道进行灌溉，以期变沙漠为良田，这也被称为穆巴拉克总统时期以兴建大型项目为主的"新河谷计划"。

第二节　相应投资法律的不断更新

到2009年发布的《关于批准2008年12月15日在开罗签订的阿拉伯埃及共和国和欧洲合作伙伴之间就改善饮用水和污水处理的保护伞协议（EC，EIB，KfW，AFD）》（2009年第177号总统令）这一法令为止，埃及政府已经发布了113个涉及投资及自由贸易区的正式法律文件，在三个发展时期分别发布的文件如下。

一、以小型农户为主的传统平面延伸式发展时期

这一期间主要以1952年第306号《自由贸易区法》和1953年第156号《经济发展项目的外国投资法》为代表，前者虽然是埃及独立前法鲁克王国颁布的法律但是被共和国所沿用，到1963年被废除。埃及的投资法律建立于19世纪末20世纪初英国军事占领下非名义殖民的商业竞争环境中，主要以大陆法系中的法国法律为参考。1884年的《海关法令》最初只是海关人员"围起篱笆防止走私"，随着埃及作为通往印度和阿拉伯半岛的跳板效应越来越突出，

需要通过立法来规范港口自由贸易和外国投资，相应的法律便应运而生。《自由贸易区法》共14条，它规定的自由贸易区只限定在港口及其毗邻区域，海关则扮演着该法执行者的角色。《经济发展项目的外国投资法》只有7条，该法对外国资金的汇入和投资利润的汇出进行了严格的限制，该法第3条甚至规定了每年汇出的投资利润不得超过注册资金的10%。可以说这个时期有关投资和自由贸易区的法律是合在一起进行调整的。彼时埃及自给自足的小农经济在共和国建立之初是保障国家经济安全的重要支柱，尼罗河的灌溉足以给河谷耕地的农户带来收益，在此基础上的"散户式"拓荒没有足够的吸引力来吸引外资；同时苏伊士运河仍被英国占据，政治斗争复杂，军事冲突随时可能发生，争取外援显然比吸引投资更能成为当时埃及政府的工作重心。由此看出这一时期的特点是："轻"资产，"重"外援。

二、曲折中开拓河谷沿岸及三角洲地区时期

这一时期以1960年第2108号《外国投资法》、1971年第65号《阿拉伯资金投资和自由贸易区法》和1974年第43号《阿拉伯及外国资金投资和自由贸易区法》为代表。1960年第2108号《外国投资法》是以1958年埃及叙利亚合并而成的阿拉伯联合共和国名义颁布的，该法虽然只有短短2条，却是对1952年第306号《自由贸易区法》及另外两部有关外汇监管及汇款法律和法令的继承。该法第1条"除非经共和国总统决定否则不允许外资在共和国进行投资"，单这一条就关闭了与"纳赛尔主义"（纳赛尔主义的主要观点是泛阿拉伯主义、积极中立主义，以及阿拉伯社会主义）相左的西方资本。《阿拉伯资金投资和自由贸易区法》是在继承1953年第156号《经济发展项目的外国投资法》等其他9部法律法令的基础上出台的，全法共76条，分为投资事务和自由贸易区两章，初步构成了现代埃及投资和自由贸易区法律体系的框架。但这部法律倾向性很强，对于阿拉伯国家的投资许可由专门设立的阿拉伯资金投资和自由贸易区总局理事会决定，而其他外国投资仍需由总统批准，这样的规

定成为第三次中东战争前后埃及奉行泛阿拉伯主义孤立西方资本主义阵营的具体表现。1974年第43号《阿拉伯及外国资金投资和自由贸易区法》则时隔近三年废除了刚刚颁布的前法，即1971年第65号《阿拉伯资金投资和自由贸易区法》，彻底翻转了之前的阵营立场，对不论是来自阿拉伯国家的还是其他国家的投资几乎一视同仁，比较全面地构建了现代埃及投资和自由贸易区法律体系的框架，也成为之后三次更新投资法的范本。全法共分4章56条（阿拉伯及外国资金投资，共同项目，阿拉伯及外国资金投资和自由贸易区总局和自由贸易区），最大的特点就是首次把"荒地还耕、沙漠拓荒及种植"作为投资领域写入法律，从而使利用外资促进国家全面发展有了法律保障。这一时期是埃及在曲折中探寻国家发展的时期，第三次中东战争后失去了西奈半岛，关闭苏伊士运河，阿拉伯联合共和国不欢而散；之后随着萨达特总统为实现中东和平与以色列讲和、亲美远苏等种种和平外交方式促成了西奈半岛的收复，为此后制定全面的经济发展方针建立了一个长期的和平环境。可以说这一时期投资法律的特点是：在曲折中探索。

三、向东、向南远离河谷地区发展时期

这个时期以1989年第230号《投资法》和1997年第8号《投资保障鼓励法》为代表。1989年第230号《投资法》分五章58条（总则，项目保障、优惠及减免，自由贸易区投资制度，投资总局和其他规定），其中把第二章命名为"项目保障、优惠及减免"，直接吸引了投资者的眼球，对拓荒、建设新居住区，以及开辟新工业区等项目给予"15+5"计20年的免税规定，同时赋予了该法执行机关——投资总局承担开垦沙漠的法定义务，对在自由贸易区内的项目仅收取1%的年费等。可以说该部法律标志着现代埃及投资和自由贸易区法律体系走向成熟。之后的1997年第8号《投资保障鼓励法》则是对该法的完善和补充，让投资者不再翻开法律寻找亮点而是直接亮出招牌吸引投资。该法共分四章70条（总则，投资保障，投资鼓励和投资便利）不仅在对投

项目实体方面鼓励优惠减免而且对投资程序方面建立"一站式"服务。该法第1条把"荒地还耕、沙漠开垦及种植"列为投资领域并做出了可无偿划拨土地给从事该项目的公司或企业的规定,同时远离河谷地区项目免税年限的规定也不再像1989年第230号《投资法》"委婉"地采用"几加几"的方式表达,直接给予20年的免税期,这也充分反映了对积极响应穆巴拉克总统新河谷计划给予的优惠减免力度。这一时期其他阿拉伯国家与埃及恢复外交,阿拉伯联盟重新接纳埃及,穆巴拉克总统继续采取促进和平的外交政策,给埃及在20世纪最后20年赢得了一个平稳发展的时期。为了给向东、向南远离河谷地区发展方针提供法律保障,除了1997年第8号《投资保障和鼓励法》外,之后的1999年第254号《关于建立苏伊士湾西北工业经济区总统令》,以及1999年第281号《关于建立东塞得港工业经济区总统令》等相继出台。可以说这一时期是埃及投资和自由贸易区法律构建成熟框架,以期加大吸引投资力度的时期。

第三节　新《投资法》的出台

在埃及经过"1·25"革命及穆罕默德·穆尔西·伊萨·阿耶特总统(即穆尔西总统)短暂执政的动荡时期后,2013年7月阿卜杜勒·法塔赫·塞西主政开启了埃及国家经济振兴的新时代。2014年6月塞西出任总统后便着手实施"新苏伊士运河拓宽项目",同年修法继续西奈半岛"综合发展"计划,2015年3月宣布建设新行政首都,同年8月又启动建设"苏伊士运河经济走廊"。这些"向东看"的计划和项目几乎都是远离河谷走向沙漠,不可不谓是塞西总统的鸿篇巨制,这必然需要大量的资金投入来制作完成"不毛之地"上的"沧海桑田"。而实际上埃及所面临的现状是:自2011年发生政治动荡以来,经济形势恶化,经济增速下滑,外汇储备剧减,外资大量流失。2015年时任埃及投资部长的阿什拉夫·萨勒曼对媒体表示埃及近4年所需要的外国直接投资缺口高达200亿美元。为了达到通过吸引外资来助力实现国家经济振兴的目的，当务之急就是制定一部与时俱进的投资法。在这样的历史背景下，经过两年多的全面筹备，终于在2017年5月31日由塞西总统签署实施2017年第72号《投资法》（以下简称"新《投资法》"），2017年10月28日新《投资法实施条例》（以下简称"新《投资法实施条例》"）出台，构建了全新的埃及投资法律体系。

第二章 新《投资法》的亮点

新《投资法》分为五章94条，分别为第一章总则，第二章投资保障和鼓励，第三章投资制度，第四章投资事务机构的设置及第五章投资争议解决，而实施条例更是制定出了133条（与之前1997年第2108号《投资保障和鼓励法实施条例》的60条，2004年1247号法令修订的《投资保障和鼓励法实施条例》的92条和2015年第1820号法令修订的《投资保障和鼓励法实施条例》的129条相比，条目之多前所未有）。通过与之前投资法的比较，该部新法的亮点主要集中在以下几个方面。

一、不再使用"荒地还耕、沙漠拓荒及种植"等农业化成分居多的字眼，取而代之的是"亟须发展的地区"这样符合工业化、城市化的新字眼

新《投资法》第11条规定，该法生效后根据投资路线图设立的投资项目享有从应税纯利中获得投资折扣的鼓励。其中第1款为对甲类区域投资项目成本50%的折扣，包括根据投资路线图、公共动员和统计总局发布的统计数据制定的，以及由该法实施条例解释的对投资活动配置中亟须发展的地区。与该条对应的新《投资法实施条例》第二章第10条第1款确定的甲类区域，包括苏伊士运河经济区、黄金三角洲经济区，以及由内阁决议划定的其他亟须发展

的地区，而这些亟须发展的地区根据实施条例的描述则是囊括了经济发展水平低、国内生产总值低、操作水平低、就业机会少、教育水平低、卫生医疗服务差、贫困程度高等地区。不难看出上述所指的地区不仅包括原来那些需要"荒地还耕、沙漠拓荒及种植"的广大沙漠和涉农区域，还包括了城市及周边需要发展工业进行城区建设的地区。

该条的第 2 款对投资乙类项目给予 30% 的折扣，主要针对除甲类区域所指的苏伊士湾经济区、黄金三角洲经济区，以及由内阁决议划定的其他亟须发展的地区以外的，国内其他具备发展潜力、有助于吸引外资利用现有发展机会进行发展的区域。在这些"圈外"区域开展的投资项目或从事的行业主要包括：劳动密集型项目；中小型项目；制造和依赖新能源和可再生能源的项目；国家级和战略性项目；旅游产业项目；发电和配电项目；产品 50% 出口到阿拉伯埃及共和国境外的项目；汽车及相关配套产业；木材加工、家具制造、包装、印刷、化工行业；生产抗生素、抗肿瘤药物、美容化妆品行业；食品、农产品、农业残留物回收行业；工程设计、冶金、纺织、皮革加工行业；与信息技术和通信有关的产业。

上述项目或行业中增加了以往投资法律所没有涉及过的"制造和依赖新能源和可再生资源项目"及"食品、农产品及农业残留物回收行业"等低碳型、节约型符合现代化绿色经济发展模式的项目或行业，与之相对的高耗能污染型项目（诸如化肥制造、钢铁炼制等项目）则不在鼓励投资的项目范围内，而且此类项目不得在自由贸易区内举办。从这个变化的特点可以看出埃及经济发展模式在紧跟时代的同时，进入到一个更符合科学发展理念的阶段。

二、从"投资服务中心"到"投资者服务中心"，体现了政府"以人为本"的服务理念的转变

1997 年第 8 号《投资保障和鼓励法》第 51 条规定了在投资和自由贸易区总局及其分支机构设立投资服务中心，并向投资者介绍其所提供的服务，包括服务内容、收费、程序、所需文件及办理时间等。但这个投资服务中心只是由投资和自由贸易区总局内部设立，没有规定其他行政机关或部门代表必须进驻中心，也没有规定进驻代表的管理事项，更没有对各个机关颁发证书的问题做出统一规定，容易形成程序冗余、"令出多门"、难以管理的现象。而新《投资法》在第三章专门开辟一个小节命名为"投资者服务中心"，其实施条例更是将第三章设定为"投资者服务中心"，分为5节计46个条目展开，占去了整个实施条例的1/3。从"投资服务中心"到"投资者服务中心"，一字之差，完全从便利投资者角度在法律上确立了政府服务投资者的理念。根据新《投资法》第21条的规定，各有关部门代表进驻中心，有关部门代表在投资者服务中心工作期间受投资和自由贸易区总局监督并遵守总局理事会为调配中心工作而制定的原则和规范。为了更加简化投资者获取相应许可证书，投资和自由贸易区总局批准成立的"认证办公室"可单独出具一个认证证书，该证书在相应主管机关未在有效期限内提出异议的情况下具有与该主管机关所颁发证书同等的效力。这里的认证办公室加了引号，是为了指出其并不是一个政府下辖机构，而是任何一家具备认证资质的股份公司。

当然，新《投资法》给予投资者最大便利化的同时，也规定了此前投资法未涉及过的"投资者的社会责任"。

三、由土地的"无偿划拨"到不动产"用益物权"的确立，体现了埃及土地投资制度朝向收益最大化的方向发展

关于土地的"无偿划拨"。在1997年第8号《投资保障和鼓励法》第28条，以及该法1997年版实施条例第六章（第22条～第27条）、2004年版实施条例第七章（第41条～第46条）、2015年版实施条例第八章（第98条～第115条）中，都有对国有土地或者公共法人所有的土地无偿划拨给从事投资项目的公司或企业的规定。所谓无偿，顾名思义就是不需要投资者支付一分钱就能获得土地，这样的规定在吸引投资的初期阶段非常诱人，但是随着投资的增加，

土地供应的需求也会越来越多，加之项目的转让或破产，不仅是土地价值本身，地上建筑物及附属设施都使土地增值，再单单使用"土地"一词便不能有效显示全部价值。新《投资法》采用了"不动产"这个词，既表示土地本身价值又涵盖了地上建筑及附属设施等地上物。而笔者在新《投资法》第37条第一次遇到"الترخيص بالانتفاع"这个词的时候便直接理解成"使用权"，阅读到第58条所规定的对投资项目不动产的四种处置方式（该法第60条又增加了"无偿划拨"）：البيع،الايجار،الإيجار المنتهى بالتملك، الترخيص بالانتفاع, 前三种依次为：出售、出租和租购，到最后一个，觉得"使用权"似乎不能准确表达阿文法条的原意。显然第一种和第三种是获得不动产的所有权，如果第四种是使用权，那第二种以出租方式取得的不动产在租用期间也是一种使用权，二者概念外延重叠，易造成理解偏差。参看新《投资法》官方英文版，"انتفاع"所对应的英文为"usufruct"，它的中文意思是用益物权，同时参阅我国的《物权法》和2018年10月1日刚刚实施的民法总则，都有"用益物权"的规定，《物权法》第117条的解释是用益物权人享有三种权利，即占有、使用和收益的权利。为了进一步印证这里的"انتفاع"不光有使用的意思，新《投资法》第67条列出了"设置任何他项权"这样的用益物权术语。同时在新《投资法实施条例》第48条中列举了不动产持有机关（阿语原文表述为：جهات الإدارية صاحبة الولاية。这里的"持有机关"并不一定是不动产的所有权人，此处行使的是对不动产管领、支配的物权行为）可以以"公共部门—私人企业—合作"的模式（Public-Private-Partnership，PPP）、建造—运营—移交方式（Build-Operate-Transfer，BOT）、建造—拥有—运营—移交方式（Build-Own-Operate-Transfer，BOOT）、长期用益物权对价的参股模式、以项目收益比例参股5种与世界接轨的投融资模式运作，充分发挥物权的经济效应，此前从未以法律条文方式如此大规模明确地提出。新《投资法》第37条规定了处置方式，新《投资法实施条例》第56条又规定了各种不动产处置都要以合同方式进行，那么最后遵循的就是合同双方的权益对等。既然给予了作为不动产持有方利用物权获取最大收益的权利，那么作为项目投资者一方自然也有权发挥用益物权的最大效益。可见"物尽其用"在新《投资法》中得到淋漓尽致的发挥。

四、投资法律中首次使用"投资气候"这一表述

新《投资法》第68条在确定最高投资委员的权力范围时第1款规定：采取一切必要措施营造更好的投资气候（مناخ الاستثمار）并为规定的所需条件给予指导；紧接着第2款规定：制定投资环境（بيئة الاستثمار）在立法上和行政上改革的总体框架，新《投资法实施条例》第五章也命名为"营造投资环境"（تنظير بيئة الاستثمار）。看上去这两个词似乎都可以理解成投资环境（维基百科投资气候的定义是"投资者在他国进行投资时所面临的文化、经济、社会和政治等各种条件的总述"，对投资环境的定义是"伴随投资活动整个过程的各种周围境况和条件的总和"），毕竟第二个词"بيئة الاستثمار"已经耳熟能详，但新《投资法》第78条确定主管部长职权范围时又一次使用了"投资气候"（مناخ الاستثمار）这个词，这就凸显"气候"(مناخ)这个用词在该部法律里的独特性。

2015年3月，在西奈半岛沙姆沙伊赫举行的"埃及经济发展大会"闭幕式的演说中，塞西总统提到了要"营造一个吸引阿拉伯国家和其他国家资金的投资气候（...توفير مناخ جاذب للاستثمارات العربية والأجنبية）"而且这个气候是一个"稳定的可持续的（...بما يوفر مناخا مستقرا ومستداما للاستثمارات）"。而当时正在紧锣密鼓制定中的新《投资法》正是朝向这一目标并最终用法条的形式体现在正式颁布的法律中。塞西总统在经济发展大会上所指出的"透明原则"（الشفافية）最终体现在新《投资法》第2条、第54条和第77条当中；所指出的"发展投资服务体系"（تطوير منظومة خدمات الاستثمار）最终体现在第2条、第26条、第31条、第36条及第78条等简化投资程序当中；所指出的"给投资者前途光明的机会"（توفير فرص واعدة للمستثمرين في ذات الوقت）则体现在整个第二章投资保障和鼓励中。可以说这个"气候"一词的使用，不仅让人联想到自然环境中埃及的"热气"，同时又向世界展示出一个全天候适宜投资的环境。

第三章 投资制度

新《投资法》颁布的总统令第1条规定"来自国内和国外的投资不论规模大小均适用本法，投资将根据本法采用国内投资制度、投资性园区制度、科技园区制度或是自由贸易区制度其中一种进行"，也就是说投资者必然要选择一种投资制度来进行投资，那么就有必要了解这些投资制度，以及它们之间的区别。

第一节 定义

新《投资法》第一章第一节对该法涉及的投资要素给出了定义，如投资、投资者、投资项目等这些基本的概念可参见附录里的新《投资法》全文。这里只列出有关投资制度的定义。

"国内投资：一种投资制度并通过它依据本法在非自由贸易区设立、建设或运营投资项目。"这是一个外延很大的概念，在整个埃及版图范围内，除去自由贸易区这种特别关税区外，只要在埃及领土内进行投资，都算是国内投资。这个概念也对应了投资鼓励中对乙类投资项目所在区域可适用的制度。

"投资性园区：有确定界限和面积范围的一个地理区域，专门用于从事一个或多个指定的专业性投资活动或其他与其有互补性的活动，由开发商发展该地区并负责其基础设施建设。"1997年第8号《投资保障和鼓励法》2015年版实施条例第七章首提"投资性园区"这一说法,但并未给出明确的定义。新《投资法》第 28 条将这个投资活动的园区细化为物流园区、农业园、工业区等,可以看出,这个投资性园区朝向的是传统项目园区,也是传统产业投资者必然选择的一种制度。

科技园区:通信领域和信息技术产业领域建立的园区,其中涵盖制造业、电子设计和开发、数据中心、服务外包、软件开发、科技教育等其他与通信和信息技术关联或互补的项目或产业。新《投资法》在第一节总则的定义中并未规定此概念,而是在第 32 条中予以体现。这个投资制度明显是朝向高科技行业的,此行业的投资者可选择适用科技园区投资制度。

"自由贸易区:本土内划定范围的采用特殊海关和税收规定的一个区域并受该区域管理机关管辖。"此概念新《投资法》阿语原文是"المناطق الحرة",直译为"自由城",不过这样翻译会让人觉得在这个区域里一切都是自由的:政治自由、经商自由、生活方式自由等。通读全文后会发现,区域内行政管理与海关监管规则严密;对土地合同、用益物权合同的转让设置了行政审批;区域内设置了行业"黑名单"、进出人员门禁制度等并不是表面上的"自由",故笔者还是采用更符合国际通行的"自由贸易区"译法,这样能直观感受到这个区域的设置还是传统意义上的针对进出口的特别关税区。新《投资法》第 33 条规定了自由贸易区分为公共自由贸易区和私人自由贸易区两种形式。

第二节 投资目标和原则

新《投资法》第 2 条第 1 款规定投资目标是:提升国家经济增长率、增加国内生产总值比率、提供就业机会、鼓励出口、增强竞争,实现全面可持续的发展。新《投资法》提出了埃及投资的宏观目标,在此前的,包括 1997 年第 8 号《投资保障和鼓励法》中,从未以法条的形式予以明确,这也为投资事务的有关各方划定了前进的方向,成为埃及经济政策的一大特色。

第 2 款规定有关国家机关致力于吸引和鼓励国内外的投资。为了使该条充分发挥作用,新《投资法实施条例》第 125 条规定"招商外包"条款,即投资和自由贸易区总局(以下简称"总局")可将其在国内外投资的招商计划外包给一家专业的招商公司执行。不但政府部门亲力亲为,而且可外包给满足一定资质的股份公司来执行,可以说法律授权了主管机关去使出浑身解数八方聚英以图发展。

第 3 款规定了 8 条投资原则:

(1)投资机会平等,不论项目规模大小、项目地点一律平等对待,不因国籍而受到歧视。

该条体现了埃及对投资的平等对待原则,但外国投资者远未能达到"国民待遇"的程度(虽然新《投资法》第 3 条第 2 款规定了保证外国投资者享有国民待遇),如外籍个体从事商品进出口的限制、外国人购进不动产的限制、在雇佣本土和外籍员工上的限制、在承担社会责任的法定义务程度上的体现等。

(2)国家支持新兴公司,增加能够使青年和年轻投资者可以从事的中小微型业务和项目。

该条原则主要是面向埃及国内投资者。以外国投资者在埃及设立股份公司为例,投资者需要满足埃及公司法规定的资本下线(公开募集 100 万埃及镑和发起人内部认购 25 万埃及镑),这对于一般行业的外国投资者而言并不是很高。例如,根据埃及投资和国际合作部在新《投资法》实施不久的 2017 年 10 月份月报数据,当月新投资同比增长了 191.1%,达到 68 亿埃及镑;环比增长了 185.9%,增加了 24 亿埃及镑。10 月份新注册公司和增资的公司数量达到了 2812 家(2456 家新注册和 356 家增资公司),同比增长了 119.9%,新注册公司的实缴资本同比增长了 73.4%,达到 5 亿 3400 万埃及镑,而增资的公司实缴的增资额同比增长创下了 208.8% 的增幅,达到 20 亿 4000 万埃及镑。我们做一个简单的数学计算就可以得出新注册公司的平均实缴资本约为 21.7 万埃及镑,增资公司的平均实缴资本约为 573 万埃及镑,可以看出新增公司是低于股份公司发起人内部认购最低25万埃及镑下限的，这说明新增公司更多的还是来自埃及国内中小微型业务和项目的投资者。

（3）兼顾具有社会层面、环境保护和公共健康属性的各个方面。

这里主要和新《投资法》增加投资者的社会责任相对应。新《投资法》给予投资者投资保障和鼓励的同时，规定了投资者的社会责任。新《投资法》第15条规定了为实现全面可持续发展的目标得从投资者年利润中划出一定比例（不超过10%）建立投资项目之外的社会发展制度，在保护和改善环境，医疗保健、社会保障、文化关怀，支持技术教育或者资助旨在发展和改进生产力的研究、学习和宣传活动，以及培训和科研四个领域开展。后文第五章会对投资者的社会责任进行详述。

（4）自由竞争，禁止垄断行为，以及保护消费者。

该原则援引自2005年第3号《保护竞争及反垄断法》和2006年第67号《消费者保护法》，前法第1条规定了经济活动不得出现抵制、限制或损害自由竞争的行为，第4条将"垄断"定义为占据市场份额25%以上、对特定商品价格和销售额施加实际影响且竞争者没有能力制止的经营行为。这就说明投资者也受保护竞争及反垄断法管辖，必须遵守该条投资原则避免启动反垄断调查的情形，包括该法第二章规定的竞争者之间的禁止性合同、第三章规定的个人与供应商或客户的禁止性合同、第四章规定的对特定市场的不正当操控等。后法同样适用于投资者，投资者的身份在消费者保护法中作为向消费者提供商品或服务的供应商同样要遵守该法保护消费者的规定，该法第2条规定了消费者的8项权益，第3～第6条规定了生产商或进口商具有制作阿拉伯语标签、说明产地、来源、货描等义务以保证消费者的权益。

（5）奉行治理原则、透明原则和审慎管理原则，避免利益冲突。

该条规定的三项原则主要指向的是投资事务主管机关和与投资事务有关的各行政机关或公共法人。对于将投资事务专设独立预算单位性质的投资和自由贸易区总局，不受其他机关干扰，全面负责投资事务与自由贸易区事务的工作（新《投资法》第四章第2节）；对于向投资者收取的受理费用，"明码标价"，避免暗箱操作，达到费用透明的效果（新《投资法》第23条、第30条、第49条等）；对于投资者的行政复议事宜，总局专设复议委员会，对投资争议、投资合同争议还设有部级复议委员会，充分给予投资者救济的方式（新《投资法》第83条、第85条、第88条）。

（6）致力于稳定和完善投资政策。

该条原则主要指向有关投资事务的权力部门，包括最高投资委员会、投资和自由贸易区总局理事会、与投资事务有关的各权力机关，以及各自由贸易区理事会。新《投资法》除规定最高投资委员会权力（新《投资法》第68条）与投资和自由贸易区总局理事会职权（新《投资法》第74条）外，还对总局、与投资事务有关的各权力机关、各自由贸易区理事会规定了保持相应数据更新传递的责任（新《投资法》第18条、第54条、第56条、第71条、第78条等）。这样就为评估投资政策是否达到预期效果、能否妥善处理出现的新问题等提供了数据支持。

（7）及时办结投资者往来业务为投资者实现合法权益提供便利化。

1997年第8号《投资保障鼓励法》规定在投资和自由贸易区总局设立"一站式"服务并承诺三个工作日内办结，新《投资法》更是整合了各有关机关的资源，设立各有关机关代表进驻的投资者服务中心，建立互联网及时批复的互动平台，将各种行政事务申请所需的文件格式化、电子化，最大限度地向投资者提供便利。

（8）国家有权维护国民安全和公众利益。

维护国民安全和公众利益原则可以直接理解为政府出于国民安全和公众利益的考虑，"国有化"或征收征用外国投资。这是投资者最担心的问题，也是投资风险系数中排行第一的问题，一旦出现就可能"血本无归"。埃及政府对这个问题在投资法律体系上一直秉持的是不予国有化或征收的态度，1997年第8号《投资保障鼓励法》第8条规定了不得对公司或企业实行国有化或征收；第9条规定不得以行政手段对公司或企业进行管控，扣留、占用其财产，留置、冻结或没收公司或企业财产。新《投资法》将前法对此方面的规定整合到一起，该法第4条第1款明确规定：不得对投资项目实行国有化。这是一颗很大的"定心丸"，让投资者在宏观上打消投资顾虑，"投资不会打水漂"。但是作为投资方，这条原则更多的还是关注其后面的但书条款：

除出于公共利益且无延迟地预先支付合理补偿外，不得剥夺投资项目财产的所有权。

不得以行政手段对投资项目进行扣押，除依据最终司法判决外不得对投资项目进行扣押。除依据司法判决或决定外也不得对投资项目进行留置。对投资项目的扣押、留置仅在法律规定情形下进行。

除依据司法决定或最终判决外不得扣留、没收、冻结投资项目资金，欠缴税款、国家扣缴的应缴社会保险除外。同时不违反国家或公共法人与投资者所达成的协议内容。

除非征得总局行政会议同意并经内阁和最高投资委员会批准后，任何行政机关不得对涉及依本法设立和经营的投资项目做出增加资金负担和加重程序负荷的一般性调整性决定，或对投资项目强行收取服务报酬或税费，或对该种报酬、税费进行调整。

可以看出，投资项目在有效补偿的情形下可被征收，在司法救济中败诉的情形下也可被执行财产；最后一款作为新《投资法》增加的内容，不加重投资者负担更多的是对投资保障的一种体现。

第三节　国内投资制度

新《投资法》从第16～第27条分四小节规定了国内投资制度，这四个小节分别是：投资方针和政策、投资路线图、投资者服务中心、认证办公室。第三小节投资者服务中心类似于投资事务的"行政许可中心"，第四小节认证办公室类似于非政府性质的专业技能认证机构，这两个部门是投资者落实投资制度的受理部门,尤其是投资者服务中心,实施条例第二章专门为此作了细则规定,故后两个小节将会在第六章管理机构和投资争议中专门介绍。

国内投资制度是涉及整个埃及版图在内的、除自由贸易区之外适用最广的一种投资制度,可以看作是一种"圈外"制度。适用国内投资制度按照投资法第二章相关规定享有相应的鼓励。

一、投资方针和政策

(1)投资方针包括以下四项内容:①投资政策的制定和实施;②旨在与国家公共政策、经济和社会发展方针相一致的优先发展的投资项目;③可实行的投资制度;④投资路线图。

(2)投资政策则是指投资保障和鼓励政策,以及投资者的社会责任。新《投资法》整个第二章都是以法条的形式体现投资保障和鼓励政策,对于投资鼓励,根据投资者所选择投资制度的不同、投资地点的不同分别给予一般性鼓励、特别鼓励、额外鼓励三种。该内容将在第五章详细阐述。

(3)对于优先发展的投资项目在各个时期,以及在各个领域都会有所侧重并与时俱进,这里简单介绍"埃及2030愿景"中的项目,以供投资者参考。

"埃及2030愿景"是埃及2014年着手制定的可持续发展战略(the Sustainable Development Strategy),为了增进人民生活福祉、让埃及下一代过上小康生活,将其作为一个总体发展框架,在经济、社会和环境三大领域进行规划,到2030年依靠其重要战略位置和人力资本,成为具有公平、团结、民众参与特色的有竞争力的、发展平衡的、多元的、保持生态体系平衡并可持续发展的造福全民的知识经济体。为此埃及规划了10大支柱领域,包括经济、能源、知识创新科学研究、透明高效的政府机构、社会公平、健康、教育培训、文化、环境、城市化发展。到2030年在经济领域给出了77个项目;在能源领域给出了9个项目;知识创新科学研究领域给出了5个项目;透明高效的政府机构给出了10个项目;社会公平领域给出了6个项目;健康领域给出了8个项目；教育培训领域给出了 27 个项目；文化领域给出了 8 个项目；环境领域给出了 13 个项目；城市化领域给出了 11 个项目；共计 174 个项目。

（4）投资制度是指国内投资制度、投资性园区制度、科技园区制度，以及自由贸易区制度。新《投资法》第三章规定的这四种制度就是对这一方针的落实。

二、投资路线图

所谓投资路线图就是规定投资类型、制度、地理区域和行业部门，以及划定国有不动产和可用于投资的公共法人的不动产及其依据不同投资制度对不动产处置策略和方式在内的路线图（新《投资法》第 17 条）。

该投资路线图的制定由总局负责，持有不动产的行政机关与各主管机关和国家国有土地使用规划中心协调后，向总局提交所有归其持有并可用于投资的不动产详细地图，此外还应提交一个包括地理位置、面积、规定的建筑条件、评估价格、附属设施情况、与土地自然属性事宜的投资活动、土地处分方式等在内的完整数据库。总局可以要求不动产持有机关或其他部门补强信息，同时上述机关或部门应每六个月更新数据库或按总局要求随时更新。总局与各不动产持有机关共同协作建立允许加速的、与可用于投资的不动产有关的数据和信息进行交换的、和总局电子链接的基础设施；在总局和不动产持有机关之间创建就该路线图及数据进行交流的电子链接。这体现埃及当局为了制定投资路线图、全面掌握可用于投资土地信息，各部门联动进行基础设施建设的同时应用现代化的网络链接技术随时保有最新信息，人力物力投入不菲，硬件装备整体提升。对于不归总局管理的土地，为了投资大局，新《投资法》规定了权属转移途径。由投资和国际合作部部长与不动产持有机关协调后呈报，经内阁批准后由共和国总统签发决定，将部分国有或其他公共法人占有的不动产所有权、管辖权、监督权从持有的行政机关转移到总局。

根据埃及投资和国际合作部最新的公布，埃及目前在建的有米尼亚、南西奈、新伊斯梅利亚、吉萨省工匠区、阿斯旺、达卡利亚省的伽马萨和卡夫勒·谢赫 7 个自由贸易区,预计能容纳超过 1000 个具体投资项目;本哈、阿拉伯奥利卡特、盖尔比亚省坦塔炼油厂地块、达卡利亚省格哈默、吉萨省萨夫、达米埃塔、沙齐亚、开罗省阿尔马扎市中心、苏伊士省阿塔卡区、伊斯梅利亚自由贸易区扩展区、北西奈和阿斯旺建立 12 个新的投资性园区,预计可容纳 8000 个具体投资项目。

需要指出的是,投资和国际合作部及投资和自由贸易区总局在制定投资路线图中的项目时,并不是最终"拍板者",还需要和各有关中央部委、各省有关机关进行全面合作和协调,对此推进的节奏,投资者需保持清醒和冷静;同时投资路线图按照新《投资法》第 17 条第 3 款的规定,应至少每三年复审一次或在有需要的时候依总局提议复审。

虽然面对埃及政府推进投资路线图时保持清醒和冷静,但是新《投资法》在对投资者颁发批准文件、许可证书或营业执照方面给予了"特别关照"。新《投资法》第 18 条规定,在获得投资服务时,应遵守该法规定的程序和时间,该规定不与适用其他实体法或程序法在许可投资者获得批准文件、许可证书或营业执照比该法或该法实施条例用更简易程序或更短时间冲突。简言之,适用简化、便捷的规定给投资者发照。

根据新《投资法》第 48 条、第 51 条规定的公司设立时间看,申请人按要求向总局提交完备的资料后,最短即刻获得注册,最长一个工作日,这可与我国目前工商注册登记所需时间媲美了。对于需要前置审批的项目,新《投资法实施条例》第 40 条第 2 款规定了被申请机关最长 60 天作出批复的时限,而具体事项中,例如申请人向不动产持有机关申请处分不动产的,不动产持有机关须在一周内向总局专家委员会提交对此申请的意见书,总局专家委员会则须在 30 天内作出是否同意的决定并告知申请人(新《投资法》第 65 条)。虽然与我国行政许可法规定的 20 个工作日相比还是长一些,但目前来看已经有很大进步。

有关投资路线图中土地划拨的规定在"自由贸易区制度不动产划拨"一节中一并介绍。

第四节　投资性园区制度

一、园区的建立

（1）本章第一节已经介绍了投资性园区的概念，它包括物流园区、农业园、工业区等，第三节介绍了目前在建的苏伊士省阿塔卡区、伊斯梅利亚自由贸易区扩展区、北西奈和阿斯旺等12个新的投资性园区，这些投资性园区可容纳8000个具体投资项目和提供10万个就业岗位。这里需要指出的是，投资性园区与甲类投资区域苏伊士运河经济区、黄金三角洲经济区，以及由内阁决议划定的其他亟须发展的地区的设立项目上的差别，在此以苏伊士运河经济区举例说明。

2014年8月启动的新苏伊士运河拓展项目，旨在建设一条长达72千米的新运河。该经济区设定为世界级的增值服务中心，提供涵盖所有经济领域的投资机会，有超过100平方千米的港口和物流区，以及400多平方千米的工业用地和房地产开发用地。港口包括塞得港和埃因苏赫纳港，工业区包括埃因苏赫纳工业区、东塞得港和坎塔拉工业区。那么新建的投资性园区如果在苏伊士运河经济区范围内，则已建成的老工业区和新建工业区都算作经济区范畴，这是从地理范围而言；但是埃及投资法并没有规定经济区投资制度（对经济特区由专门2002年第83号《经济特区法》调整）一说，那么经济区内按照国内投资制度（一般可认为是非自由贸易区制度），在老工业区的项目只要满足新《投资法》规定的"追溯"条款就可以按照投资性园区的制度享受新《投资法》规定的鼓励政策。新《投资法》第12条第2款规定了对老工业区内的公司或企业在本法实施条例生效前三年内成立的，以及经主管部长上报内阁后也可按实施条例生效前六年计算。新《投资法实施条例》是2017年10月28日发布的，于次日也就是10月29日生效，那么我们推导出的追溯时效就是在2014年10月29日之前，最长可追溯到2011年10月29日之前，只要是在这个时间点之后成立的老工业区内项目就可以按照新《投资法》规定享受特别鼓励政策了。2016年1月21日中国国家主席习近平和埃及总统阿卜杜勒·法塔赫·塞西共同揭牌的中埃·泰达苏伊士经贸合作区扩展区内项目[①]，以及之前经贸合作区起步区内按照国内投资制度并于2014年10月29日之前（如经批准可按2011年10月29日之前）成立的公司或企业都可以按照新《投资法》规定享受特别鼓励政策。

（2）投资性园区的最终设立由总理以决定书的形式发布。而建立投资性园区的提出则是通过两种方式：一是行政机关主动设立，即有关部长提交设立申请；二是经申请人申请，然后经由主管部长和有关部长提交。根据新《投资法》实施条例第60条第1款的规定，总局理事会就有意设立投资性园区一方所提交的申请提出建议、由主管及有关部长共同提交，经总理决定可在不同投资领域设立投资性园区。例如，某外国A公司欲在苏伊士省某地段设立一出口加工区，则A公司向总局提出申请，经总局理事会给出意见，之后提交到投资和国际合作部，由投资和国际合作部部长和有关部长（如国防部、国家国有土地使用规划中心、古迹最高委员会、环境总局、民用航空总局等）一起呈报总理，最终由总理签发设立投资性园区的决定书。

有意设立投资性园区一方的申请，在提交时附带以下材料：

①决定建立投资性园区的地点描述，包括该地点的面积、位置、坐标、最新地籍图、土地权属的法律性质；

②一份对现有以及要求进园的公用设施、基础设施要素的说明；一份园区所要求的在其开展不同活动各个阶段对用水量和能源需求量的匡算说明；

③园区发展和营销战略，包括园区对计划吸引、招商项目的类型，预估项目数量，园区必要资本，活动不同阶段预计雇用的工人数量等；

④对园区提出的总体规划，包括将提供给投资者的服务；

⑤一份对将要委托建立、发展、管理园区，以及为园区招商的公司说明，

---

① 新华社.中埃两国元首共同为苏伊士经贸合作区扩展区授牌[EB/OL].（2017-9-25）[2019-1-10].http://silkroad.nen.cn/2017/0905/41668.shtml.

包括该公司先前经验、股东资料、资本配置、其他发放许可证书机关的基本资料;

⑥提出建立和运行园区的进度表;

⑦一份关于遵守阿拉伯埃及共和国现行的各种环境、健康标准,人防要求,职业健康和安全,以及遵守园区建立决定书上各种条件的确认书;

⑧计划与有意投资园区者订立合同的范本,包括投资者遵守前款各项标准和条件,遵守总局理事会为管理、运营投资性园区制定的各项规章、原则和条令,以及遵守在一定期限内未能利用土地而被收回的条款等。

(3)设立申请书和上述各项材料齐备后提交到总局。由总局执行局长决定在总局内组建一个"建立投资性园区批文申请研究委员会",负责研究申请和获取主管园区内主要活动的行政批文,此外还涉及国防部、国家国有土地使用规划中心、古迹最高委员会、环境总局、民用航空总局的批文。委员会按照总局理事会制定的规范和标准给出对申请的意见并将其提交到总局理事会,说明接受或拒绝的理由。总局理事会在考虑委员会的意见后做出决定。在申请被接受的情形下,总局主管部长联合有关部长提交到总理处,由总理发布决定批准设立该投资性园区。

至此,该投资性园区设立申请最终获批,但该设立决定书效力却待定。根据新《投资法》第28条第2款,以及新《投资法实施条例》第60条第2款的规定,每一个投资性园区应有一名开发商,由其按照设立决定书所规定的进度表负责开展建立、管理、发展、招商等工作,否则该决定书视为无效。

二、投资性园区理事会

(1)投资性园区的权力机关是园区理事会,行政管理机关是执行办公室,但二者没有直接隶属关系,前者人员来自有关各方,后者人员为总局工作人员,园区内项目跟进和监督工作由执行办公室负责。

(2)投资性园区理事会,成员除来自获准开发园区一方、投资者一方各一名或数名代表,一名或数名专家,项目支持和资助方代表外还有包括批准在园区内开展主要活动的有关部门代表，不动产持有机关代表和财政部代表，以及主管部长和有关部长认为任何应进入理事会的其他方面代表，任期三年。按照最低人员配置，投资性园区理事会至少有9名成员。理事会成员应公示其所有财产，年度公示及年度审计由独立第三方完成以确定无违法行为或者无实际的或潜在的利益冲突。

投资性园区理事会专门制定工作方针，投资活动开展所必要的条件、标准、规范等，除此之外，还要在以下方面开展工作：

①制定园区的一般性和特殊性规划及园区建设的条件、标准和原则，包括使投资性园区具有国际化标准和规格，以及促进发展园区竞争力；

②制定获得在园区内举办工业、服务业、商业等其他活动项目批文的合规条件及标准，以及相应的中止、注销情形；

③与有关部门协作，制定获得环境、职业安全和健康、人防等批文的合规条件及标准；

④根据总局理事会核准的条件和标准，批准园区项目；

⑤通过园区执行办公室颁发许可证照，尤其是建设、管理公用设施和基础设施项目，以及对投资性园区内其他项目的各种许可；

⑥与各有关部门协调，解决投资性园区开发商及投资者面临的各种障碍，不论这些障碍来自园区内部还是外部；

⑦跟踪投资性园区，以及园区内动工项目进展状况。

在不违背投资性园区设立决定书中所规定的开发商义务的情形下，园区理事会有权批准私企（人）开展园区的发展、管理、营销等业务。

（3）投资性园区理事会的"特批权"。新《投资法》第29条规定了园区理事会有权特批在园区范围内的投资项目；新《投资法实施条例》第66条规定园区理事会主席有权批准从事活动的项目许可证书，但该许可证书应包括获准许可的目的、不超过五年的有效期等内容；为满足各主管部门的项目批文条件可以颁发为期一年的临时许可证书，经项目方主动申请可延期一次，期限6

个月。这个"特批权"实际是两项，第一个是为期五年的项目许可证书，只要在园区范围内且不违反特定法律的专属管辖，那么投资者就可以不用跑总局了，直接和园区理事会对话，但是发证还是由执行办公室负责，因为前文已经提到，执行办公室的人员都来自总局；第二个是临时许可证书，这是包容且见实效的宽限政策，如果因为有前置审批而让有意向的投资者戛然止步必然有违"致力吸引和鼓励国内外投资"（新《投资法》第2条第2款）的初衷，那么先让投资者把项目建立起来，然后给予一定期限（一年）慢慢再办结相应的前置审批手续，这样投资者既打消了投资政策门槛的干扰，有关国家机关也能落袋为安，双方皆满意。

（4）执行办公室，其职能如下：

①执行园区理事会为园区内项目特批各种许可证照的决议，自申请人提交申请之日起一个月之内办理完毕；

②跟进投资性园区理事会决议的实施，以及与园区内举办项目有关联的各种部门事务往来工作；

③负责投资性园区内项目的跟进和监督工作，以查明园区内的活动遵守相应条件、规范和程序的程度。

依据总局理事会制定的标准，执行办公室有权按服务种类对其提供的实际服务向投资者收取以下不超过项目投资成本的千分之一费用：①举办项目的许可证书；②颁发建设许可；③发放开展活动营业执照；④ 经总局理事会决定后其他执行办公室提供的服务。

三、投资性园区的撤销

根据行政许可的撤销程序符合程序正当的原则，投资性园区的撤销也遵守着申请设立时的程序，最终还是由总理以决定书的形式予以撤销。撤销程序的启动可以由申请人提出，也可以由行政机关因投资性园区违法决定撤销，具体可参阅本书附录2中的第69条。

第五节 科技园区制度

一、园区的建立

与投资性园区建立的区别是科技园区只有行政机关主动提出，新《投资法》未规定"有意建立科技园区一方"这样的申请人提出的条款。根据总局理事会意见并经与通信和信息技术事务有关部长的请求，最终还是由总理以决定书的形式来设立科技园区。园区主要面向的是通信领域和信息技术产业的企业或公司，也就是我们通常理解的高科技公司，包括该领域内的制造业、电子设计和开发、数据中心、服务外包、软件开发、科技教育，以及其他与通信和信息技术关联或互补类活动。

二、科技园区的优势

由于科技园区理事会的组成、执行办公室的设置，以及相关职能与投资性园区差不多，故不在这里赘述，具体可参见附录中投资法及投资法实施条例的相关内容。

（1）项目或产业限定在"高科技"范围，与投资性园区相比，科技园区的产业指向明确而清晰，就是那些与通信和信息技术有关的行业，不论是实体制造业还是 IP 产品；适用国内投资制度或投资性园区制度的产业没有限定，工业、服务业、商业皆可。而本章第六节讲到的自由贸易区主要是以出口为主的加工制造项目。

（2）项目"家当"免税。这里所说的"家当"是指在科技园区内从事项目建设所进口的机器、设备、工具、装备等，包括零部件、整条生产线等。根据新《投资法》第 32 条第 3 款的规定免征关税及其他各项税。这一点和自由贸易区制度几乎一致，但后者的免税范围将乘用型小汽车排除在外，而科技园区制度没有这个例外条款，免除得很彻底。国内投资制度和投资性园区的投资制度则是没有免税政策的。需要注意的是，虽然"家当"免税，但是要给它们投保险种为一切险的保险，新《投资法实施条例》第71条第4款规定：项目方对依据本条规定进口的上述机器、设备、工具、装备负完全责任，在进入开展活动的许可流程之前提交该机器、设备、工具、装备的一切险保单。

（3）地点选取没有特别限制。和国内投资制度的选址灵活一样，科技园区的选址没有特别限制，但和国内投资制度不同的地方就是其进口的机器、设备、工具、装备等可以享受免税。自由贸易区虽然也可以免税但是存在"选址"和"选项目"的"双禁"条款。新《投资法实施条例》第76条第1款对私人自由贸易区"选址"做了规定：不得在居民区、住宅地产内，或者在已获如免税市场、保税仓库等其他海关制度许可的地区批准设立新的私人自由贸易区项目；新《投资法》第34条对自由贸易区制度下"选项目"的禁入行业是石油加工、化肥制造、制铁炼钢、天然气生产液化和运输、最高能源委员会决议确定的能源密集型产业、酿酒及酒精性原料生产和武器弹药爆炸物及其他与国家安全有关的制造行业。

（4）项目许可无须交纳保证金。园区内设立项目的许可事宜，不论是投资性园区、科技园区、自由贸易区都可以由园区理事会批准，但是前两个是不需要缴纳保证金的，而自由贸易区在签发相应批准文件之前要缴纳不超过投资成本2%的保证金。

高科技项目在享受新《投资法》特别鼓励的同时，和其他制度相比优势还是很明显的，可以说是所有投资制度中给予优惠力度最大的一种投资制度。

第六节　自由贸易区制度

根据新《投资法》第33条规定，自由贸易区的设立可分为公共自由贸易区（المناطق الحرة العامة）和私人自由贸易区（المناطق الحرة الخاصة）两种形式。自由贸易区项目除适用下文介绍的统一优惠税费、缴纳年度服务费外，其所得税是终身免除的。

一、公共自由贸易区

（一）公共自由贸易区的建立

与投资性园区和科技园区设立最终由总理一个人决定不同，自由贸易区由内阁集体决议。首选是总局内部组建一个"自由贸易区事务常设技术委员会"，由其负责向总局理事会提交申请设立自由贸易区的各种材料，主要职能如下：

（1）向总局理事会提交针对自由贸易区所适用政策的建议；

（2）对设立公共自由贸易区项目申请的研究；

（3）在提交到主管贸易区理事会之前对公司章程、法人的变更，经营期限、获批开展活动期限的延长等事项进行审批；

（4）对自由贸易区项目所面临问题、如何克服困难的建议，从而保证总局实施鼓励和吸引投资的政策。

总局理事会在收到自由贸易区事务常设技术委员会制作的申请材料后将其提交到投资和国际合作部部长处，再由该主管部长提交内阁审议批准。

（二）公共自由贸易区管理机构

根据新《投资法》第33条第3款的规定，公共自由贸易区由理事会管理，理事会的组成及主席的任命经主管部长批准后，由总局执行局长签发决定书。理事会的职能如下：

（1）专门负责提出自由贸易区管理所需的规章制度的建议，同时征得总局理事会同意；

（2）将在区内举办的工业生产项目的各种数据备案到工业领域相关部长指定的部门，经与工业领域相关部长达成一致后，主管部长制定对工业生产项目活动的直管规章，尤其是对区内项目所应遵守的出口比例的规定；

（3）对内举办的项目做最终批准，由理事会主席签发项目活动的许可证书。第五节提到自由贸易区内项目的批准需要缴纳不超过投资成本2%的保证金，该保证金的缴纳依据是：① 制造、装配项目，缴纳项目投资成本的1%，最高7.5万美元或其他等值自由流通货币；② 仓储项目或不需要商品进出的项目，缴纳项目投资成本的2%，最高12.5万美元或其他等值自由流通货币。

与投资性园区和科技园区一样，自由贸易区也设执行机构，不再叫执行办公室，而直接冠以自由贸易区行政部门。

（三）公共自由贸易区不动产划拨

新《投资法》规定的投资项目所需不动产的处分方式有出售、出租、租购、用益物权许可和无偿划拨五种形式。除无偿划拨外，其余四种处分方式的启动可以依投资者请求、总局发出要约邀请或挂牌公示。

贸易区行政部门应向投资者公布空地面积和对其投资的机会，投资者在备选的公布地块中将拟举办项目的宗旨和面积向贸易区行政部门提出申请。区行政部门将投资者的申请提交到区理事会，区理事会根据项目的宗旨、项目资产和投资成本、目标用工规划，以及批准所要求面积和拟开展活动类型的适宜程度四项原则进行受理。在处分方式为用益物权许可或出租时，申请人还须支付用益物权对价的10%最少1000美元的诚意预付金。

申请人的申请经同意后，需在30天内至区行政部门办理接收土地事宜，以及在支付用益物权对价款后签署划拨备忘录、用益物权合同。这里需要提到的是，用益物权许可期限不超过50年，但可延期；对价款是年度缴纳，以平方米为计价单位并且该对价费率的调整由总局理事会确定。

申请人应自签署接收备忘录之日起90天内依照其提交的进度表设立项目和进入项目实施阶段，否则该土地划拨的批准证照将予以撤销。

存在多位投资者竞相请求处分项目建设所必需的土地、厂房等不动产时，即存在以下三种情形时：按单个企业活动类型，申请划拨的数量多于申请时可划拨地块的供应数量；申请划拨的数量多于公示项目或批文的数量；投资性质和规模相似的项目大于投资目标区域可供面积。不论是通过出售、出租、租售还是采用用益物权许可的方式，将具备投资所必要的资金和技术条件的人，根据择优原则对包括投资者的报价，或者其他资金或技术指标等，采取评分制。其评分项主要包括：

（1）项目的技术规格，尤其是所使用的技术和其现代化程度；

（2）过往经验或世界声誉；

（3）项目的创汇能力，不论是其向国外出口产品还是供应替代国外进口的国产产品；

（4）项目预计投资成本；

（5）报价金额及支付方式。

使用该评分制难以从投资者中选取，则给报价最高者优先权。

对于采用出售或租售的方式处分不动产的，投资者需要注意的是，物权变动和合同债权并不同步，不是说支付了土地价款土地就会自然转移到名下。新《投资法》第62条规定，在投资者支付全部不动产价款后，且生产制造型项目实际开工、不动产项目或旅游项目履行完毕、其他类型项目启动业务活动的情况下不动产所有权才转移给投资者。此规定不得用合同方式予以排除，合同中必须写明。这样的规定有避免单纯土地投机行为的考虑。

对于土地无偿划拨的情形，1997年第8号《投资保障和鼓励法》第28条，以及该法1997年版实施条例第六章（第22条~第27条）、2004年版实施条例第七章（第41条~第46条）、2015年版实施条例第八章（第98条~第115条）都规定了国有土地可经申请无偿划拨。这在吸引投资的同时会带来土地浪费的风险，一旦申请人获得无偿划拨土地并未实际开工对申请人并没有什么损失，但是总局划拨、收回土地的整个流程会造成人力物力的浪费。为了避免这一情况的发生，新《投资法》在对土地无偿划拨方式上设定了现金保函条款。获批申请人应向不动产持有机关提交不超过项目投资成本 5% 的现金保函或等值替代保证以担保其具备使用该无偿划拨土地的技术和现金条件。具体为：对生产制造活动，提交不超过项目投资成本 1% 的现金保函或等值替代保证；对服务类活动，提交不超过项目投资成本 2% 的现金保函或等值替代保证；对仓储类活动，提交不超过项目投资成本 5% 的现金保函或等值替代保证。该保函在生产制造活动型项目实际开工或其他类型项目营业之日起三年后予以返还。

投资者处分拥有所有权或合法占有不动产的情形，按照投资法规定，投资者应贯彻处分给其不动产的目的，规定在合同中的该处分目的除经不动产持有机关书面许可外不得改变。在不动产据其属性和位置允许处分目的变更的情形下，应在投产或营业之日起经过一年且获得各有关机关对此变更的许可，投资者还须另外支付不低于获得该不动产时支付价款与申请该变更时市场价格差价的一半。

投资者在使用不动产时，不得越划拨区域活动，不得越线存放商品、屯放垃圾、建设建筑物或设施，保持公共自由贸易内文明外观。如有违反，行为人应在贸易区行政部门规定的时限内予以消除；未予消除的，贸易区予以消除，费用由该行为人承担；同时须按仓储类标准支付对未获得许可证照占用土地面积的双倍对价。另外，投资者不得在已划拨给其他项目用地范围内开展活动，一旦违反土地所有权人按该项目活动占用土地面积收取双倍对价，同时收取该项目承租转租土地产生的租金。新《投资法》对投资者不当使用不动产给予了严格的"越线"处罚，尤其是不得"借壳下蛋"，一旦触犯，不动产业主面临的是让与他方使用土地的双倍对价罚款，同时使用方承租的租金也会被收缴。

最后是不动产交还或因投资者违约被收回的情形。投资者撤出时应先注销其营业执照，然后将划拨场地以光地的形式交还区行政部门。如场地上存在建筑、设施或其他地上附着物，还应在区理事会确定的期限内（最长不超过6个月）自行予以清除。在此期限内经总局同意，投资者可以转让包括建筑和设施在内的场地给其他现有或新设项目；在没有下家接手的情况下，投资者也可将地上建筑和设施转让给区行政部门。在投资者无故未能履行下列事项构成实质性违约的，由总局执行局长决定收回不动产：

（1）以分期付款方式支付不动产价款或用益物权对价款的，未在合同规定期限内缴纳，经发出付款警告后仍拒绝缴纳的；

（2）拒绝拆除与规定在合同条款中获批投资项目规范和施工图纸相抵触的建筑物的；

（3）生产型项目或其他类型项目未在合同规定期限或未遵守进度表投产、营业的。

（四）公共自由贸易区产品进出口规定

1. 进出口货物

自由贸易区内只有两种项目，即区内产品出口到国外的项目或使用国外进口产品来开展业务活动的项目，进出口产品不适用埃及进出口一般规则，也不受一般海关程序限制，免征关税、增值税和其他税费，其余项目按类型统一征收不超过2%的税费。同时所有项目都须向总局按比例缴纳不超过资本金0.1%（最高10万埃及镑）的年度服务费。

这里需要注意两点：一是禁止进口的产品和原材料排除在外；二是非禁止项目生产的禁止入境产品排除在外。

第一，埃及对外贸易和工业部颁布的2005年第770号法令《1975年118号〈进出口和进出口商品检验监管法〉实施条例》附件1列出了包括被认为对宗教信仰不敬的物品、鸡肉切块翅腿、家禽肝脏、未配备喷油泵二冲程摩托、各种石棉、石棉刹车片、含有转基因油的金枪鱼及农药和化学品（127类）8种暂时禁止进口的商品，但是贸易往来中的"黑名单"是动态的，为了保护国民经济、避免有害物质入境，以及其他涉及切身利益的原因，埃及行政机关会择机发布禁止某种商品进口或者将某种商品移出"黑名单"，例如上述 2005 年实施条例中禁止进口的鸡肉切块翅腿和家禽肝脏，在此前包括整只冷冻家禽都是禁止进口的；又如埃及 2014 年制定了牛肉及牛肉制品的新检验标准，对牛肉中含有合成激素实行零容忍，使得只要检出合成激素的牛肉和牛肉制品成为了禁止进口食品；再如埃及农业部曾在 2015 年 7 月 13 日为保护埃及棉农利益、避免埃及棉花种植行业遭受损害曾发布暂时进口棉花法令，但随即引发争议，埃及内阁不得不在 2 天后予以取消。

截至本书成稿，除上述 2005 年实施条例列举的 8 种商品外，笔者经多方查阅列举以下清单产品，但该清单是动态的，随时会有更新，仅供参考。

①旧乘用车；②含有合成激素的牛肉及牛肉制品；③禽类切块及内脏；④热处理羽毛粉；⑤豚草种子残留量高于 50μg/L 的大豆；⑥旧的或翻新的医疗设备和用品；⑦生物制药和营养补充剂。

同时新《投资法实施条例》第 96 条第 1 款规定了禁止性或遭受病虫害的植物、农产品不得存放在自由贸易区。即允许进口的植物和农产品在遭受病虫害的情形下要运出自由贸易区或出售，否则予以销毁。

需要进一步指出的是，根据埃及 1963 年第 66 号《海关法》第 15 条的规定，不允许进口或出口的产品均禁止进出境，埃及禁止出口的商品同样不得进入自由贸易区。笔者并未查阅到目前埃及公布过绝对禁止出口产品清单，只在 1963 年第 66 号《海关法》2005 年实施条例第 41 条规定了须经埃及石油总局批准方可出口的 11 类油气产品。

第二，石油加工、化肥制造、制铁炼钢、天然气生产液化和运输、最高能源委员会决议确定的能源密集型产业、酿酒及酒精性原料生产和武器弹药爆炸物及其他与国家安全有关的制造行业不得在自由贸易区制度下开展，新投资法第 34 条将上述产业或行业明确排除在外。同时新《投资法实施条例》第 92 条又规定自由贸易区内禁止烟草、蜜制烟草、吸入型鼻烟、香烟、雪茄等各种类型烟草制品进入境内。从中可以看出，新《投资法》颁布后，自由贸易区在新《投资法》颁布实施时不再禁止烟草行业，1997年第8号《投资保障和鼓励法》2015年版实施条例第39条将烟草制造业排除在禁止经营的行业范围之外，而1997年第8号《投资保障和鼓励法》2004年版实施条例第47条是明令禁止烟草制造业在自由贸易区内开展经营活动的。实际上自2015年7月7日1997年第8号《投资保障和鼓励法》2015年版实施条例生效之日起，自由贸易区内不再禁止烟草行业，但是其产品是禁止进入埃及内陆的，简言之，生产可以，但是产品必须全部出口国外。

新《投资法》第39条第3款规定了自由贸易区获批项目启动所必需的"家当"，除乘用型小汽车外，税费全免。即自由贸易区内现有的各种类型的获准项目为开展业务活动需要的一切工具、装备、机器，以及各种形式的必要运输工具免征关税、免缴增值税和其他税费。但此后的正常运作中所进口的产品，除了上文提到的两种项目外，都须缴纳统一税费。例如所从事业务活动性质的需要或有必要暂时出离自由贸易区进入内地并从内地返回自由贸易区内的，依据所规定的情形、保证措施、条件和程序，其工具、装备和机器也同样适用。

2.进口流程

商品或货物进入自由贸易区其通关单证与一般贸易通关单证相比有特殊之处，同时在通关时，除通关单证外还需要提供特别单据。

新《投资法实施条例》第86条第1款规定货物适用自由贸易区制度进口的须在提单中列明，同时在海运或空运提单，以及发票上写明是以自由贸易区名义的进口货物。这里对单据的制作提出了很重要的合规要求：

（1）货物名称要在提单中明确显示，不论是海运还是空运提单；

（2）提单收货人（Consignee）要写货物最终地的自由贸易区名，而非到港地点；

（3）货物的商业发票（Commercial Invoice）签发给（To）最终地的自由贸

易区。

如货物进口是以项目方名义,不论是自主进口还是通过第三方代理,在该项目方或代理未在埃及国内开展业务的条件下,自由贸易区行政部门可对项目方不做上述要求。换言之,第一次进区通关操作可以不做严格要求,但是此后如在埃及国内开展业务了,就不是第一次了,再次进口就要严格按照规定执行。

货物通关时除正常提供的提单、发票等单据外,还需要提供新《投资法》规定的特别单据:

(1)获自由贸易行政部门批准的承诺书;

(2)总局签发的区间运输保函。

自由贸易区行政部门批准的承诺书,根据新《投资法实施条例》第87条的规定,按照"申请—批复"的模式需要项目方主动向自由贸易区行政部门递交承诺书,承诺货物以自由贸易区名义进口,同时随附海运到货通知;自由贸易区行政部门对承诺书予以审批并说明:该项目适用自由贸易区制度,该承诺书所载进口货物属于获批活动所必需物品。之后项目方将该获批承诺书递交到海关主管部门。

区间运输保函也是按照"申请—批复"的模式,项目方向总局申请,由总局向海关提供一份就货物按海关当局规定应缴海关税费的保函。该保函的保证期间为货物从海关区至自由贸易区、自由贸易区至海关区,以及自由贸易区之间。总局签发保函时,项目方须提供涉盗抢、毁灭、火灾险的足额保单,同时总局收取保证金额1‰的费用。保函的性质就是排除海关的担忧:货物一旦放行,在运输过程中货物没有进入自由贸易区而是流入了内陆,就会造成关税和其他税费的流失。

对于以内陆自由贸易区名义进口的货物,因其地理位置远离海关区域需要长距离运输,所以新《投资法实施条例》在第89条规定了更为严格的程序:

(1)当事方须向自由贸易区行政部门提交以自由贸易区名义进口的承诺

书，以及货物发票和箱单。

（2）自由贸易区行政部门对承诺书予以审批并说明：该项目适用自由贸易区制度，该承诺书所载进口货物属于获批活动所必需物品类别，之后将批准后的承诺书交还当事方；

（3）当事方须将该承诺书提交至海关主管部门，凭海关过境证书办理通关手续，之后将货物运至自由贸易区；

（4）在货物交付时，须提供海关放行申请书、海关主管部门背书"发运到自由贸易区货物过境程序履行完毕"字样的进口承诺书副本以备自由贸易区行政部门完成对货物的查验工作，在当事方在场的情况下区行政部门编写一正二副的查验数据；

（5）放行申请书被核准后，存根联须返还海关主管部门，并随附查验数据副本一份。

在国家紧急需要项目方提供基本物资的必要情形下，经总理批准后由主管部长发布准许海关区域内以自由贸易区名义进口的商品、原材料、设备等直接进入境内海关予以放行的决定。

3. 来料加工

新《投资法》第39条第5款规定，项目方可在自由贸易区从事维修或来料加工活动。总局准许项目方或第三方所有的国内或国外的商品、材料、零部件、原料等为维修或进行来料加工从内地临时进入自由贸易区并返回到内地的不适用进口规则。

（1）申请人须向总局提出申请，提交申报单，以及项目方的承诺书，总局在3日内做出是否批准的决定。

申报单包括何种商品或原料、数量；拟进行作业的类型；维修或进行加工生产的估价；根据通用技术比例在来料加工情形下预估的损耗比例；进入来料加工环节国外原料的种类和价值；作业完毕后撤回该种商品或原料的详细时间表。

项目方承诺书，即承诺在维修、加工后该原料或商品由自由贸易区返回内地，如选择将其出口到境外则履行海关、出口、结汇等手续。

（2）在完成维修和来料加工后离开自由贸易区返回内地时，申请人还须向总局提交申请，说明所进行的作业，以及其价格、作业过程中所使用的外国原料的价格及完工时间、加工后商品样态等内容，同时随附进入自由贸易区时的申请书副本、该种原料或商品属于被许可进入区内的申报单、维修或来料加工费用的发票。

（3）完成维修和来料加工后的原料或商品在通关前需要查验放行。由自由贸易区行政部门和海关共同组成的委员会进行查验，以便调查数据的真实性，以及是否单货相符，在支付税款、缴纳关税后，发放该原料或商品的通关单。这里的关税主要是指维修费用的关税，此规定在新《投资法》第39条第6款。

（4）公共自由贸易区内获批项目开展维修或来料加工的，须将用于维修作业的商品、材料、零部件、原料等与项目方的仓库分开独立存放，同时与项目方获批的基本活动账目分开独立核算。对于生产过程中的尾料和废料，新《投资法实施条例》第103条也有明确的规定，可参见附录2。

4. 税费、服务费和保险

前文提到自由贸易区内产品出口到国外的（外向型）项目或使用国外进口产品来开展业务活动的项目，进出口产品免征关税、增值税和其他税费，除了这两种项目外，其他的项目按照类型一律缴纳规定的统一税费，具体如下：

（1）对仓储项目，以自由贸易区名义进口商品的到岸价（CIF）或海关核价中两者价高为基准收取2%的税费，直供情形下，按采购价格的2%收取税费；

（2）对制造装配项目，按出口货物离岸价格（FOB）的1%收取税费；

（3）在自由贸易区内开展的来料加工业务，按加工所得的1%收取税费；

（4）对主要业务活动无须进口或出口货物的项目，按毛收入的1%收取税费；

（5）对只收取佣金形式的直供情形，按所得佣金的 1% 收取税费。

该税费半年收取一次，以项目方提交的这一时期的财务报表为收取税费的依据。私人自由贸易区收取的税费与公共自由贸易区略有不同，下文在介绍私人自由贸易区部分会提到。

以上的税费是项目方进口货物和产品时按票收取，总局还要按年度向自由贸易区项目收取服务费：

（1）制造装配项目向总局支付其发行资本的 0.05%；

（2）仓储类、服务类及获批多项活动的项目支付其发行资本的 0.1%，但最多不超过 10 万埃及镑。

服务费按年度收取并从第二个公历年开始，第一年自颁发营业证照之日至年度终止视为剩余期限，折合比例计入下一年。

除了税费和年度服务费外，自由贸易区项目还有一项法定支出：购买险种为一切险的保险。新《投资法实施条例》第 109 条第 1 款规定：投资者应为其建筑物、机械、设备等在获批项目开展活动期间可能发生的意外事故或灾害购买一切险，但须由阿拉伯埃及共和国获准经营的任一保险公司签发保单。

5. 严格的库存查验程序

自由贸易区项目在享受优惠的统一税费的同时，为防止项目方虚报、瞒报产品数量以达到偷税漏税的目的，新《投资法》规定了严格的库存查验程序。项目方须遵守常规的年度盘点和接受区行政部门的随时突检。

项目方应每年对其库存进行盘点，现场盘点由主管自由贸易区代表和其认为需要协助的有关方面工作人员在场。区行政部门有权随时执行盘点，不论是突击全面盘点还是对某种货物的部分盘点，在查明有短溢情况时应详细将其种类、数量、重量记录在案，由项目方代表、自由贸易区代表和区行政部门请求协助的有关方面代表共同签字。

在查验期间项目方应向自由贸易区行政部门提供账簿及发票以便执行查验及核对单物是否相符。对出现货物非合理短溢的，区行政部门应通知海关，由其按照海关法规定收取税费、关税及相应罚款。

新《投资法》给予自由贸易区行政部门突击查验权将会是区内企业的"紧箍咒",这就要求企业自身做好规范的库存和账目管理,出现货物短溢情况及时做好相应的账目更新,一旦被查验出问题,则将不再按照新《投资法》规定的优惠统一税费缴纳,而是按照海关法规定的标准缴纳关税和其他税费。

(五)公共自由贸易区用工和门禁制度

自由贸易区内项目用工首先需要遵循以下原则:

(1)埃及籍员工比例不得低于项目员工总数的80%;

(2)最低工资不得低于本国自由贸易区外最低工资标准;

(3)规定每日工作时间和每周休息时间,但每周工作时间不得超过48小时;

(4)规定加班时间及应得工资;

(5)项目提供给员工的社会、医疗服务,以及工作期间必要的防护措施。

在具体执行用工规定时,还要履行下列法定手续:

(1)签订劳动合同。获批项目方应和所有进入自由贸易区工作的劳动者签订一式四份的劳动合同,劳资双方各执一份,一份存档于自由贸易区行政部门,一份存档于自由贸易区劳动办公室。如劳动合同以外文书写则存档的两份需附阿拉伯语译文版。

(2)申请工作许可,获取进区"门卡"。获批项目方应留存员工刑事犯罪情况的记录和身份证明(身份证或护照)副本并将其提交到自由贸易区行政部门办理员工进入自由贸易区的工作许可。对于埃及国内员工,经自由贸易区行政部门许可后就可以获得"门卡"。那么外籍员工呢?

根据劳动移民部2006年第79号部长令第5条和劳动移民部2006年第700号部长令第3条,有关外国员工工作许可和签证的规定中均明确,申请时需缴纳1200埃及镑。请注意是两个程序:申请工作许可和申请工作签证,第一个程序的对话窗口是总局外国人工作许可办公室,第二个程序的对话窗口是总局外国人工作签证办公室。同时对于投资领域的外籍员工,在上述第二个部长令中规定,初次办理或续签时应提供安全审查同意书。这套程序走下来并不是很短的时间,那如果因某种紧急原因需要外籍员工,或者说外国投资者亟须本国工作人员开展工作,甚至是突破使用外籍员工20%限制临时聘用的情形有什么应对办法吗?

根据劳动移民部2006年第700号部长令中第16条的规定,对以旅游目的停留的自由贸易区的外籍人员,在向投资和自由贸易区总局说明停留原因并且每次停留不超过60天的情况下,不对该外籍人员采取法律措施。这就为需要外籍员工的公司或企业提供了一个"机会",外籍员工可以办理旅游签证入境并且停留不超过60天,按时离境的,没有被采取法律措施的风险。

(3)为员工缴纳社会保险。获批项目方应为其员工办理社会保险,将加入社会保险的申请书连同劳动合同副本一并交到主管的社会保险办公室;同时项目方应向国家社保总局提交一份包括自由贸易区项目员工姓名、工资、入职时间及劳动终止时间等内容的年度清单。

鉴于自由贸易区特别关税区的属性,新《投资法实施条例》规定了进入贸易区的门禁制度,由总局或主管公共自由贸易区理事会主席对进区人员签发以下四种入区许可:

(1)企业主或其代表人与获批开展活动相同期限的入区许可;

(2)区内项目或企业业主申请后签发给其员工为期一年可续签的入区许可;

(3)总局雇员工作需要进入自由贸易区的入园许可;

(4)因故临时的、非规律性的进入园区人员的临时入园许可。

二、私人自由贸易区

由于对公共自由贸易区的规定也大多适用于私人自由贸易区,故在此主要介绍私人自由贸易区的特别之处。

（一）私人自由贸易区的建立

与公共自由贸易区的建立不同，私人自由贸易区的启动由主管部长提起，根据新《投资法》第33条第5款的规定，经由主管部长提议，内阁可决定设立限定在一个项目或多个相似活动项目的私人自由贸易区。私人自由贸易区从建立的地理位置、投资主体、投资额、用工数量、项目面积、产品本土化程度、出口比例、安保程度、总局对其监管程度等与公共自由贸易区相比更严格一些。批准私人自由贸易区设立的条件和规范如下：

（1）私人贸易区地点的选择须是直接影响项目收益的关键性因素。不得在居民区、住宅地产内，或者在已获如免税市场、保税仓库等其他海关制度许可的地区批准设立新的私人自由贸易区项目；

（2）项目采用股份公司或有限责任公司的形式；

（3）项目发行资本不得少于1000万美元且投资成本不得少于2000万美元；

（4）工业项目固定用工不得少于500名；

（5）项目面积不得少于2万平方米；

（6）本土化率不低于30%；

（7）出口到国外的比例不低于80%；

（8）私人自由贸易区项目应依照埃及法规或主管工业的部长发布的有关工业企业的规章，遵守安全生产、人防及防火规定，同时工业企业应采用瞭望塔、监控摄像头、聘用安全局或港口安全局人员等方式保证厂区及周边安全；

（9）总局跟进私人自由贸易区项目活动的开展，以确保其经营良好、确认其制度健全。私人自由贸易区项目应在总局跟进检查期间提供所有账簿和票据备查。

（二）私人自由贸易区产品进出口特别规定

公共自由贸易区有关产品进出口的规定大多适用于私人自由贸易区，只在收取的统一税费方面，以及产品进口到私人港口时，与公共自由贸易区有所差别。

（1）为了说明私人自由贸易区货物或商品进口时缴纳的税费与公共自由贸易区的不同，特用表格的形式列出，见表3-1。

表3-1 公共自由贸易区与私人自由贸易区税费对比

项目	区域	
	公共自由贸易区	私人自由贸易区
制造装配	实现总收入的1%	实现总收入的1%
来料加工	加工所得的1%	加工所得的1%
仓储	实现总收入的2%	实现总收入的2%
无须货物进出口	毛收入的1%	毛收入的2%
直供情形	总收入的2%	总收入的2%

从表3-1可以看出，只有对主要业务活动无须货物进出口的项目，私人自由贸易区比公共自由贸易区多收1个百分点，其他项目的税费标准都是一样的。

（2）货物进口到私人港口的情形。埃及目前最大的私人海港是加里布港（Port Ghalib）[①]，它同时是一个红海沿岸的旅游度假村。以自由贸易区名义进口到私人港口的货物多为食品、酒店用品、旅游产品等，而食品通常需要一个快速、便捷的通关手续，针对私人港口的特殊性质，新《投资法实施条例》第88条专门规定了一个以小时为计时单位的通关时限：

（1）运送货物或商品的船只或飞机到达后24小时内，由船长、机长或其代理人（海运代理或航空公司办事处）向海关主管部门提交自由贸易区货

---

① 加里布港官方网站.http://www.portghalib.com.

物申报单；

（2）自由贸易区行政主管部门应通知提单显示的收货人货物抵达并责成其自通知之日起48小时内提货；

（3）收货人将自由贸易区批准的进口承诺书交到海关主管部门进行登记，并附带海运到货通知，履行过境货物规定程序；

（4）海关登记后将承诺书交回区行政部门，并附带提货单据，区行政部门根据不同情形进行监督或详细查验后将货物交付收货人。

第四章 投资领域

投资领域的划定是由投资法实施条例来确定的,新《投资法实施条例》和1997年第8号《投资保障和鼓励法》2015年版实施条例(以下简称"旧《投资法实施条例》")[①]相比主要有以下几个特点:

(1)投资领域的分类结构做出重大调整;
(2)删除部分行政许可事项和资本门槛,投资领域细目规定与时俱进;
(3)开辟新投资领域,发展前沿项目。

第一节 投资领域的分类结构做出重大调整

新《投资法实施条例》将受新《投资法》调整的领域按国民经济产业进行分类,将旧《投资法实施条例》"交叉分类、边际模糊"的分类状态进行了科学设置。表4-1对新、旧两版的分类进行了对比。

表4-1 新、旧《投资法实施条例》分类对比

分类	新《投资法实施条例》	旧《投资法实施条例》
一	工业	开垦、耕种土地,以及畜牧业、养禽业和渔业
二	农业、畜牧业、养禽业和渔业	工业和工业区开发
三	商业	旅游投资

[①] 1997年第8号《投资保障和鼓励法》先后颁发了三个版本的实施条例,即1997年版、2004年版、2015年版,这里指2015年版。

续表

分类	新《投资法实施条例》	旧《投资法实施条例》
四	教育领域	各类型运输业
五	卫生领域	专业服务
六	交通运输业	基础设施
七	旅游业	项目融资和财务评估
八	房地产建设、建筑业	软件、计算机系统和科技园区
九	体育运动领域	住宅
十	电力和能源领域	社会发展基金资助项目
十一	石油和自然资源领域	投资领域的招商
十二	饮用水领域	—
十三	通信和信息技术领域	—

第二节　新法投资领域详解

一、工业

新《投资法实施条例》将工业放在投资领域的首位，取代了位于旧《投资法实施条例》首位的第一产业（即开垦、耕种土地，以及畜牧业、养禽业和渔业）。将工业领域又细分为4个板块：

（1）利用原材料生产，通过混合、处理、成型或填料改变其形态；为中间产品和成品进行零部件组装和安装，不包括烟草、蜜制烟草、吸入型鼻烟，以及各类含酒精饮料、烈性酒工业。新、旧《投资法实施条例》对此表述没有变化，但新《投资法实施条例》删除了旧实施条例对炼油，以及分离、加工石油派生产品和制品的规定，这就意味着这个行业不再受新《投资法》调整。

（2）设计和制造工业机器、设备、生产线，以及对工厂的运行管理和结构调整，包括：对设备、生产线，以及工厂的工程设计；机器和产品模型、模具的复制、制造和销售；设备和生产线的制造；对各种工业项目、公用事业项目,以及项目的各种附属活动的运行管理,对工厂进行技术性和管理性的结构重组。对传统制造业领域的规定新、旧《投资法实施条例》保持一致。这里有两点值得注意:第一,按非自由贸易区制度进行的一般性国内投资,笼统地讲公司或企业的进口"家当"由原来统一征收5%的关税降到了2%;第二,如果是依照自由贸易区制度进行的投资,则免征关税。根据新《投资法》第10条第3款的规定"公司或企业执行1986年186号《海关豁免法》第4条规定,对其建立所必需的各种进口机械、设备和仪器统一按照货值的2%征收关税"。新《投资法》第39条第3款则又规定,除乘用型小汽车外,自由贸易区内现有的各种类型的获准项目为开展业务活动需要的一切工具、装备、机器,以及各种形式的必要运输工具免征关税、免缴增值税和其他税费。这就是说投资方可以做出自己的选择,如果将公司或企业设立在自由贸易区内,其开展业务活动需要的,在本条规定投资领域内的一切工具、装备、机器就可以享受免税;如果不选择自由贸易区,则相比较之前的法律规定,关税优惠力度有了大幅提升。值得注意的是,根据埃及《海关豁免法》的规定对于以上免税或部分免税的物品,有一个"禁售期",即自放行之日对计算机和先进设备5年内禁止处分,其他物品则是10年。

(3)对影视业及相关产业链的规定。诸如影视中心、制片厂、影剧院在内的影视产业的建造、租赁及运营,包括摄制、冲印、印制、放映和发行。新《投资法实施条例》删除旧《投资法实施条例》中对投资主体和资本进入门槛的规定,即由资本不得少于2亿埃及镑的股份公司或大型企业运营。放开了对影视事业领域投资主体及资本门槛的限制,这也符合埃及政府对中小企业,以及劳动者创业的支持。

(4)工业区整体开发及完善发展、为工业区招商或管理,包括提交工业区的经济和规划研究;提交项目的经济、工程和技术研究;工业区基础设施及外部接入设施的建设;为工业区承接资本和项目进行工业区地块的招商和营销;工业区厂房建设,可作为预制厂房提供给项目;管理工业区、维护区内附属设施设备。新《投资法》中不再直接使用"工业区"这一表述，该法第28条规定，根据投资和自由贸易区总局理事会建议或由主管及有关部长提交，经总理决定可在不同投资领域建立各专门投资性园区，其中包括物流园区、农业园、工业区等。新《投资法实施条例》在这一点上并没有完全匹配新《投资法》的更新表述，沿用了工业区这一表述，但笔者认为实施条例此处的规定可以做扩大解释，适用于投资法第28条所规定的包括物流园区、农业园在内的投资性园区。这里还有一处小小的删减，就是在最后一小节"管理工业区、维护区内附属设施设备"这一规定中，新《投资法实施条例》删除了旧《投资法实施条例》中"提供安保服务"一项。

值得注意的是，在工业领域中新《投资法实施条例》删除了对矿产资源这一领域的规定，即矿产资源的勘探、开采、破碎和整理，进行各种性质的加工除外；沙、石开采除外。这就是说沙、石和矿产资源一起排除在了由新《投资法》调整的领域之外。

二、农业、畜牧业、养禽业和渔业

旧实施条例置于首位的第一产业在新《投资法实施条例》中被置于了工业之后，排位虽有变化，但规定的内容没有变化。具体包括，荒地和沙漠的开垦、种植；可饲养各种类型牲畜，不论是进行种畜繁殖、产奶、育肥还是肉用；可饲养各种类型家禽和鸟类，不论是进行种禽繁殖、孵化、产蛋、育肥还是肉用；饲养马匹，以及渔场经营。新《投资法》第11条确立了"亟须发展的地理区域"这个概念，突破了以往"荒地、沙漠开垦"这样的表述，变成了包括其在内但不限于此的意思，外延更广。

投资者比较关心的是对于投资"荒地和沙漠的开垦、种植"中具体对农业用地和沙漠土地，埃及政府是怎么规定的。根据1963年第15号法律规定，外国人不论是自然人还是法人，禁止获得农业用地的所有权。对于沙漠土地，1981年第143号法律定义的是城市边界外2千米。该法同时对沙漠所有权也做出了没有像农业用地那么绝对禁止的规定，合伙企业经许可可以拥有1万费丹（1费丹约合0.42公顷）；股份公司则可以拥有5万费丹。但是，有外资投入的上述企业或公司，其中51%的份额或股份须归埃及籍合伙人或股东所有。尽管按照新《投资法》设立的企业或公司可以完全是独资形式，但是沙漠土地"专属管辖"，在沙漠土地上的项目必须由埃及籍合伙人或股东（或由总统决定将其他阿拉伯国家投资者视为埃及籍）占多数的公司来开展。可以看出，按照新《投资法》设立的企业或公司在沙漠土地项目上无法"剥离"埃方，只是在出资额或股份比例上没有51%归埃方的硬性规定，埃方只要占多数就可以。

三、商业

商业，其定义为包括投资发展国内贸易领域的项目，鼓励和促进以商业中心、商业批发、零售，以及供应链为代表的贸易活动。以上须以公司属性为埃及（公司法人）股份公司的形式开展，在欠发达地区和新城区从事上述贸易活动的公司和企业除外。商业是新《投资法实施条例》增加的一项，此前并未列入投资领域。进入这个领域的投资主体须为股份公司，这里就涉及埃及1981年159号《股份公司、股份有限合伙企业和有限责任公司法》的内容。在此将该法有关如何设立股份公司，以及投资者比较关注的几个重点条款简单介绍如下：

（1）关于发起人，根据埃及《公司法》第8条的规定，股份公司的发起人不得少于3人。《公司法实施条例》第1条规定的设立人员为"自然人和法人"。对于发起人的国籍未作限定。

（2）设立资本，最低25万埃及镑。埃及《公司法》对股份公司募集股份的方式规定了公开募集和发起人内部认购两种，前者不低于100万埃及镑（《公司法》规定50万埃及镑，之后1995年第891号部长决定调整为100万埃及镑），后者则不低于25万埃及镑。这只是一般性规定，如果从事保险、银行、储蓄、委托投资等活动则有专门法律法规对股份公司设立进行调整——既有主管部门的行政许可又有资本门槛限制（见表4-2）；对于非从事以上活动的，也可能受到部门规章的调整，比如2006年213号投资部关于从事招商活动公司有关事项的决定中就规定了设立资本不得少于300万埃及镑。

表4-2 投资活动和法律法规

投资活动	最低设立资本（不少于）	法律法规
保险	财产保险3千万埃及镑；人身保险6千万埃及镑	1981年第10号埃及保险法及其修改（1995年第91号和1998年第156号法律）
银行	5亿埃及镑	2003年第88号银行法
证券投资	1千万埃及镑（需埃方控股）	1992年第95号资本市场法及实施条例 1996年第632号部长决定

（3）资本认缴，《公司法》规定1/4股份以现金方式认缴。《公司法实施条例》第82条规定，每个股份认购人应在认购之后，以现金或法律认可的其他支付方式立即支付认缴股份的1/4。之后的1995年第184号部长决定要求对公开募集方式设立的股份公司其设立资本50万埃及镑以全额现金方式认缴，同年第891号部长令决定调整为100万埃及镑且支付比例不得少于50%。

（4）股东大会的召开，根据《公司法》第61条第1款的规定，股东大会在每年公司财务年度结束后的6个月内至少召开一次。

（5）董事会任期，根据《公司法》第77条第1款的规定，除第一届董事会由发起人任命任期5年外，此后董事会任期为3年。

在商业领域，新《投资法》还是留了一个口子：欠发达地区和新城区从事上述贸易活动的公司和企业除外。这就是说公司或企业的形式可以是有限责任公司，也可以是合伙企业或有限合伙企业，而对于合伙企业的设立资本是没有限制的，例如某位埃及投资者可以不花钱在欠发达地区或新城区设立合伙企业并在商业领域开展投资活动。当然这里需要指出的是，埃及《公司法》第5条排除了股份有限合伙企业和有限责任公司从事保险、银行、储蓄、委托投资等活动。

对于中小投资者也许会更关心能不能在埃及从事进出口贸易。既然投资法鼓励和促进以商业中心、商业批发、零售,以及供应链为代表的贸易活动,那么投资者不成立股份公司,或者股份公司须满足什么条件才可以开展进出口贸易呢?埃及人力资源和移民部2010年第485号法令对外国人从事进出口贸易进行了排除,也就是说外籍个人是不能够从事进出口贸易的。2017年第7号有关进口商登记的法律规定:进口商必须为埃及人,或者是取得埃及国籍10年以上的外国投资者。这样看,进出口贸易对外籍投资者个体从事进出口贸易的大门是关闭的。那对于外资公司呢?按照新《投资法》设立的股份公司,总部在埃及,就成了埃及法人,经过出口商登记后,即可进行出口贸易。如果想要从事进口贸易,不论是股份公司还是有限责任公司,外资股份或出资额都不能超过49%。可以想到,从古至今阿拉伯人一直重视商业。

四、教育领域

不论类型及层次,教育领域包括:创办、管理或运营学校;创办、管理和运营技术教育学校或学院;创办综合性大学。教育领域是投资法实施条例新辟的投资领域,带有鲜明的教育产业化导向,同时也为外国资本投资该领域提供了法律保障。截至2017年年底,我国在埃及的开罗大学和苏伊士大学分别开办了孔子学院,随着未来"一带一路"倡议提出后与埃及合作的深入,或由我国投资创办"孔子大学"也不是不可能,新《投资法》的出台为投资方提供了法律依据和保障。

五、卫生领域

卫生领域包括设立医院和医疗救治中心。设立专科医院、全科医院或大众(非盈利)医院,以及院内的治疗、医疗活动;诊断或治疗医学中心。作为享受投资鼓励的条件,新《投资法实施条例》沿用了旧《投资法实施条例》规定的"贡献10%"的"天课条款",即医院应每年无偿提供10%的住院床位;医疗、治疗或诊断中心每年对10%的病例提供免费。埃及的全称是阿拉伯埃及共和国，约90%的埃及人信仰伊斯兰教，天课是伊斯兰宗教信条之一。在国家立法层面做出这样的规定正是埃及人民意志的体现，因此，如果选择投资埃及这一领域，非信仰伊斯兰教的投资者需要尊重和遵守。

六、交通运输业

交通运输业包括五个方面：①城市、新城区内或城市、新城区之间往来的公共交通；②埃及国籍船舶从事内河、领海及沿岸运输和远洋运输；③航空运输及直接相关的服务；④公路（包括跨境）货物运输和铁路货物运输；⑤货物的冷藏运输，储存农产品、工业产品、食品的冷库、集装箱堆场和谷仓。

（1）城市、新城区内或城市、新城区之间往来的公共交通，须符合以下规范：①该项目的运力不低于300座；②投入车辆为新车，之前未注册或使用；③车辆须为天然气驱动，不得进口柴油汽车；④新城市城区内营运的公司应设有停车场和保养车间；⑤营运活动的管理地点应设在新城区内；⑥公司应确定自营车辆的路线和时刻表，并经主管运输部门批准；⑦车辆前部有标明行车路线的指示牌；⑧符合交通部在车辆承载、长度等方面的要求和规范；⑨符合环境保护和污染防治的要求。

新《投资法实施条例》在城市城区交通运输业的规定上和旧实施条例相比没有任何变化，这里投资者比较关注的就是车辆的进口关税。依据埃及财政部2007年修订的协调关税目录，作为公共交通运输的车辆，关税是5%，对于混合动力、使用天然气或电力驱动，则减征关税25%，即减征后的关税为3.75%。而将汽车改装成天然气驱动的部件则是适用2%的低税率。

（2）埃及国籍船舶从事内河、领海及沿岸运输、远洋运输业。分为三类：第一类河运，包括使用各种河运工具运送旅客、运输货物、任务送达、运输各种类型材料及集装箱；第二类领海和沿岸运输，包括从事原材料和货物运输、旅客运送，作业时船舶须为埃及国籍；第三类远洋运输，包括使用船舶或其他海运工具，如渡轮、汽船或舟艇进行远洋原料、货物运输或旅客运送。

旧《投资法实施条例》只有第三类远洋运输，通行苏伊士运河的船舶遍布世界各地，那么来埃及投资远洋运输业中的船舶也会通航到世界各地，通俗一点说，"你（投资者）去赚公海的钱好了，干吗要来赚我内河与领海的钱？"因为一般认为远洋船舶受《海商法》调整，也会遵守各种海洋规则或国际条约，而内河船只和领海沿岸船舶是不受《海商法》调整的，这就从一个角度清楚地界定了内河与领海利益属于一国"碗里的肉"，不会轻易分与"外人"。但是，埃及在"1·25"革命后国内内河、领海口岸运输，包括后面旅游业谈到的游艇、水上漂浮宾馆几乎处于了停滞状态，为了重新激活、发展这些行业，埃及不得不将内河和领海口岸开辟新投资区域，这一状态未必会长久，待外资的投入足以达到第一类和第二类可以健康发展并进入良性运营状态后，或许就会关闭。

（3）航空运输及直接相关的服务，包括运送旅客、运输货物，不论是采用定期飞行或临时包机形式；进行机场、停机坪或部分区域的建设、装修、运营、管理、养护或利用；对现有机场、停机坪的运营、管理、养护和利用。其他与航空运输直接相关的服务，包括养护、维修、餐饮、培训等。与旧《投资法实施条例》相比，新《投资法实施条例》删除了"根据主管部门的现行规定"这样的表述。

（4）公路（包括跨境）货物运输和铁路货物运输。此条是新《投资法实施条例》增加的领域，旧《投资法实施条例》并没有涉及。埃及的交通部主管公路、铁路和水路运输，既然前款已经将内河和领海沿岸运输都开辟新投资区域，那么交通部管理的公路和铁路也列为投资领域似乎是顺理成章。这要联系到埃及新《投资法》出台的现实背景，2015年3月埃及政府宣布建设新行政首都，同年8月又启动建设"苏伊士运河经济走廊"计划。新行政首都正好在开罗和苏伊士之间的沙漠中，大量基础设施建设需要首先铺好交通网络之后才能让原材料和人员进场，开放公路运输和铁路货运从顶层设计层面匹配了基础设施投资领域中城市道路、公路、高速公路，以及铁道的建设、运营、管理及维护等全方位的开放格局。但是不得不指出的是，铁路运输事关国家的经济命脉，事关国民经济的行业还是掌控在国家手里，例如埃及国家铁路公司就是交通部下属的国有企业,未来这一领域是否会长期向外资开放,还是"浅尝辄止",存在一种不确定性,因此,风险系数就大一些。

(5)货物的冷藏运输,储存农产品、工业产品、食品的冷库,集装箱堆场和谷仓。对货物冷冻冷藏运输,对储存农产品、工业产品、食品进行冷冻冷藏处理的冷库,集装箱堆场及存储粮食的谷仓,可取得所有权自营也可通过租赁方式运营。上述业务均包含所必需的运输和装卸服务。此条与旧版实施条例相比,增加的是"也可通过租赁方式运营"这样用益物权的表述,这与整部投资法对用益物权的重视是分不开的。

七、旅游业

旅游业,包括酒店、游艇、汽车旅馆、酒店式公寓、度假村、旅游营帐,以及旅游交通;对宾馆、汽车旅馆、酒店公寓和度假村进行管理和旅游营销;建设、运营或管理具有必要配套服务进行业务开展和安全保障的综合性内河码头(须符合主管部门,据其公布的条件,在规定或批准的场所保持河道环境不受污染、防止火灾,码头可同时容纳不少于24个水上漂浮旅馆);建设、运营游艇码头、高尔夫球场、潜水中心,以及与此有关的或补充性的活动;患者的医疗旅游(由主管卫生的部长经与主管旅游的部长协调后发布决定,就如何确定医院、诊断或治疗中心预定程序等事项做出安排);景观旅游,建立、管理景观客栈、观赏鸟类及珊瑚礁的场所,以及其他特色景观系统;古迹或博物馆的服务公司(须根据主管部门批准该项目所做出的原则和规范开展)。

旅游业一直是埃及的支柱性产业,"1·25"革命后的政治动荡直接冲击的就是旅游业。2016年"埃及每日新闻"(DAILY NEWS RGYPT)一篇报道中谈到,埃及现有水上旅馆型游艇282艘,在埃及海事安全局获得航行执照的只有180艘。即便如此,在"1·25"革命后,因旅游业经营惨淡,这些游艇几乎处于停运状态。按照国际通用的安全技术标准,水上旅馆型游艇需要每5年在干坞(Dry Dock)进行船底检查,以确保适航。但是埃及目前没有能提供检验的干坞,只得用水下拍照的方式检验。这就是为什么新旧投资法实施条例都在对内河码头这一投资领域设置了很高的标准:建设、运营或管理具有必要配套服务进行业务开展和安全保障的综合性内河码头……码头可容纳不少于24个水上漂浮旅馆(水上旅馆型游艇)。但是这一建设国际化高标准码头的法律规定门槛太高,目前来看没有投资方来投资这一块。1997年《投资保障和鼓励法实施条例》颁布,上文所引述报道是2016年,所以近20年时间埃及还没有建成能适合船舶提升检验的干坞。

患者的医疗旅游和景观旅游都是新《投资法实施条例》增加的内容,旧实施条例并未涉及。患者的医疗旅游和第五类卫生领域医院及治疗中心的投资形成了外向型医疗旅游产业链。促成国外患者来埃及医院就医、疗养需要国内外旅游服务从业者的合作,新《投资法》对于此领域打开方便之门,通过投资鼓励的方式来发展这个新兴的旅游产业。而对于景观旅游有"园中园复收费"之意,埃及本就是个旅游"大观园",此次投资立法专门设置了景观旅游一项,这是为将旅游景点做精做细提供了法律支持。需要指出的是,根据埃及2009年第209号部长决定,对1977年第38号《旅行社组织法实施条例》增加了一个"经营限制":旅行社的总经理必须为埃及籍。而对于导游,1983年第121号涉及导游的法律中早就规定导游必须为埃及国籍人员。埃及旅游市场庞大,竞争激烈,同时新《投资法》对该领域的投资还给予鼓励,势必加剧这一行业洗牌。埃及旅游部2018年第63号法令就对签发旅行社执照中止一年。

古迹或博物馆的服务公司,这个规定与旧实施条例相比改动很大。旧实施条例规定"参与古迹、博物馆文化传播项目,包括造型、画板、设计以及管理古迹和博物馆项目",而新《投资法实施条例》直接定位为古迹或博物馆的服务公司。

值得一提的是,新《投资法实施条例》对综合性旅游项目的开展享受投资鼓励的门槛大大降低。旧《投资法实施条例》对此做出了如下四个很高的门槛:

(1)主体须为埃及股份公司,投资额不低于5000万埃及镑;

（2）用于综合开发的土地面积不得少于50万平方米；

（3）只有在土地建设了基础设计、示范性项目后，才可以对土地进行处分；

（4）全部项目须一次性报批。

而新《投资法实施条例》对此仅保留了须由埃及股份公司开展。

八、房地产建设、建筑业

房地产建设、建筑业，包括房地产，城市基础设施，城市规划、建设和开发等方面的内容。

（1）房地产业，新《投资法实施条例》按区域分为三种：①全部单元用于出租、用途为居住非办公的住宅项目，单元（户）总数不得低于50套，不论是独栋建筑还是多栋建筑；②保障性住房项目和供低收入者的住房项目；③在新城市、新城区、欠发达地区和老河谷以外区域进行的房地产投资。与旧实施条例相比较，第②项是新增加的内容。

外国人如何在埃及拥有永久产权的房子呢？根据埃及1996年第230号《土地和不动产权法》的规定，外国人既可以买现成的房子也可以买空地自己建房。该法第2条规定，外国人在埃及拥有的用于居住的房产不得超过2套，每处房产的面积不得超过4000平方米，不得是具有历史意义的房产。第4条规定，外国人可以取得空地所有权，但是在5年之内必须建房。第5条紧接着规定了"禁售期"，房产取得之日起5年之内不得转让。

有关投资者依据新《投资法》投资后在埃及居留的特别规定，在第五章投资保障和鼓励中会继续解读。

（2）城市基础设施建设，包括给排水、用电、道路、通信、多层停车场、咪表停车设施、地铁线路、地面轨道交通线路、汽车（通行）隧道、灌溉泵站等。这里的基础设施建设，可以狭义地理解成公用基础设施建设，而所涉及的10个小类都是城市开发和水平提升中不可或缺的指标。基础设施建设包括上节提到的房地产可以说是埃及振兴计划中的重中之重，因为这些都是民生工程，对埃及社会的稳定及后续各领域的"吸金力"起着决定性的作用。为了更明了地说明这一领域的变化，特列表4-3。

表4-3 新、旧《投资法实施条例》在房地产建设领域的对比

小类	新《投资法实施条例》	旧《投资法实施条例》
1	生活污水或工业废水处理厂、污水净化厂，以及与上述工厂（管道）连接工程的建设、运营、管理或维护	建设、管理、运营及维护海水淡化厂、饮用水厂，以及其供水管网分布和输送
2	城市道路、公路和高速公路的建设、运营、管理、维护或使用	生活污水或工业废水处理厂、污水净化厂，以及与上述工厂（管道）连接工程的建设、运营、管理或维护
3	地铁隧道或其中部分线路的设计、建设、运营、管理或维护	设计、建设、管理、运营及维护各种燃料发电厂及其输电网络
4	市内或城市之间地面轨道交通线路的设计、建设、运营、管理或维护	城市道路、公路和高速公路的建设、运营、管理、维护或使用
5	汽车（通行）隧道的设计、建设、运营或管理	在获得主管部门许可后，建设、管理、运营、维护有线、无线及人造卫星的通信站点和网络。不含广播和电视
6	以BOT（建设—管理—移交）模式建设、运营和管理多层停车场，不论是地下或是地上，咪表停车设施同样适用	在获得主管部门许可后，建立实现声音、图像和数据传播的网络并可提供增值服务。包括移动电话网络
7	对基础设施领域的投资项目进行技术层面和经济层面的调查研究，以及可行性研究	地铁隧道或其中部分线路的设计、建设、运营、管理或维护
8	铁道、地铁轨道内部及外部线路的设计、建设、运营、管理、维护或使用	市内或城市之间地面轨道交通线路的设计、建设、运营、管理或维护
9	可移动运输单元（集装箱等）内部与外部的运营、维护和使用	汽车（通行）隧道的设计、建设、运营或管理
10	建设、运营、管理和维护灌溉泵站，以及输送到制定开荒、耕种用地的管线网络	以BOT（建设—管理—移交）模式建设、运营和管理多层停车场，不论是地下或是地上，咪表停车设施同样适用
11	—	对铁路和地铁线路投资项目研究，对铁路和地铁的经营活动提供必要的咨询意见
12	—	铁道、地铁轨道内部及外部线路的设计、建设、运营、管理、维护或使用

续表

小类	新《投资法实施条例》	旧《投资法实施条例》
13	—	对铁路和地铁领域的项目进行技术层面和经济层面的调查研究，以及可行性研究
14	—	可移动运输单元（集装箱等）内部与外部的运营、维护和使用
15	—	建设、运营、管理和维护灌溉泵站，以及输送到制定开荒、耕种用地的管线网络

旧《投资法实施条例》在这一领域列出了15个小类，新《投资法实施条例》减到了10类，并不是缩了范围，而是更科学、系统地进行分类。旧《投资法实施条例》第1小类"建设、管理、运营维护海水淡化厂、饮用水厂以及其供水管网分布和输送"在新《投资法实施条例》中独立出来，经过完善后形成第12大类饮用水领域；把第5小类、6小类放到了第13大类通信和信息技术领域；把第11小类删除，第13小类"升级"，把研究主体从范围较小的"铁路和地铁"提升到整个基础设施。

由于基础设施投资领域涉及各种承包承揽合同和大量的用工，必然要求投资者做好风险管理和控制。

（3）城市规划、建设和开发是指工业区、城市社区、欠发达地区和老河谷以外地区在内的城市规划、建设和开发。这些领域一直是埃及的"沙漠梦"，在实施振兴计划的今日依旧让埃及人魂牵梦绕。在第五章投资保障和鼓励中会详细解读新《投资法》对这一领域投资给予的鼓励政策。

九、体育运动领域

体育运动领域，包括各种体育运动领域的服务，不论是管理、营销、运营，还是运动场管理，甚至专门的俱乐部、健康研究中心、健身中心，从事所有体育运动服务的公司必须以股份公司的形式开展。

该领域是新《投资法实施条例》增加的全新投资领域，旧《投资法实施条例》并未涉及。

十、电力和能源领域

电力和能源领域，包括不同发电方式电站的设计、建造、管理、运行、维护，电网分布，以及电力销售。在旧《投资法实施条例》中电力一块表述为"使用各种燃料"的电站，而新《投资法实施条例》表述为"不同发电方式"，这意味着把使用可再生能源发电纳入了埃及电力行业发展的总布局中，到2022年占到发电总量的20%，其中包括风力12%、水力5.8%、太阳能2.2%；到2035年要占到发电总量的45%左右，其中31GW将由光伏发电贡献，埃及市场前景广阔，我国光伏产品在埃及大有可为。

十一、石油和自然资源领域

石油和自然资源领域，包括三个方面：石油开采和钻探过程的油服项目；天然气接收、天然气再气化及配送站点的建设和管理，将天然气从站点送到城市、农村、开发中地区终端用户的管网建设和管理，不论是通过专门车辆运输或是通过管道；涉及天然盐场、工业盐场、岩盐的业务活动。新《投资法实施条例》整合了旧《投资法实施条例》第五类专业服务中"石油勘探、开采的油服项目和天然气的输送"一节并增加了"涉及盐场"内容。需要注意的是这里的自然资源仅指石油、天然气和盐，因为第一条"工业领域"已经排除了"沙、石和矿产资源"，从《新投资法实施条例》的表述上"自然资源"这一概念的外延很大，容易引起误解。

十二、饮用水领域

饮用水领域，包括建设、管理、运营海水淡化厂，饮用水厂，以及其供水管网分布和输送，水的处理和回收。旧实施条例将其归类于基础设施中的一节，新《投资法实施条例》单独成为一个类别，可以看出新《投资法》对其重视的程度。

十三、通信和信息技术领域

通信和信息技术领域，包括 IT 和通信项目，计算机系统及开发，投资在发明、实用新型和工业设计等发展知识产权的项目。新《投资法实施条例》对旧《投资法实施条例》有关此类项目进行了整合，把原属于基础设施类别当中的"不含广播电视在内的无线、卫星通信站点网络"和"包括手提电话在内的移动网络信息传输"整合到了原第八类的软件和计算机系统当中，同时增加了对发展知识产权投资一项。

毋庸置疑，增加对知识产权的保护工作更有利于促进投资的开展。新《投资法实施条例》第 13 款第 2 项有关软件设计和开发，第 3 项包括计算机系统编程、设计、开发在内的计算机设备设计制造，第 4 项包括数据传输、交换网络编程和设计在内的通信设施项目，以及第 5 款通讯和互联网服务，这些都需要有相应的法律予以调整并有执法部门予以保护。目前，埃及有关此方面的立法有 2002 年第 82 号《知识产权法》和 2004 年第 15 号《电子签名法》两部法律；此外埃及刑法对盗版行为只给予 1 个月的监禁和 5000～10000 埃及镑的罚金。有关执法部门是根据 2004 年第 15 号《电子签名法》设立的信息产业发展署（ITEDA），主管给软件发放证书、促进软件产业发展，以及受理投诉事宜，对于著作权的案件还可以通过经济审判庭（the Economic Court）来获得救济。

新《投资法实施条例》同时对科研发展项目进行了拓展，第 13 款第 9 项加入了空间科学和遥感项目，以及第 13 项与将传统声音、图像、数据等资料转化为数字资料有关的活动。

旧《投资法实施条例》中列为一个类别的"科技园区"，在新《投资法实施条例》中上升为"制度"，成为了投资者备选的投资制度之一——科技园区投资制度（新《投资法》第 32 条）。

第三节　开辟新投资领域和前沿项目

通过新、旧《投资法实施条例》两版对投资领域规定的对比，新《投资法实施条例》中新辟投资领域包括：教育领域、内河和领海口岸航运、公路（包括跨境）货物运输和铁路货物运输、医疗旅游、景观旅游、保障性住房项目和供低收入者的住房项目、发展知识产权项目，以及科研发展的新项目（空间科学、遥感、资料数字化等）。而其中医疗旅游、景观旅游、发展知识产权项目，以及科研发展的新项目算是前沿项目。

第五章 投资保障和鼓励

第一节 投资保障

新《投资法》对投资者的保障较之1997年第8号《投资保障和鼓励法》更趋向"以人为本",法条设计围绕如何让投资者安心投资、安心工作生活为中心,因而在投资者的投资地位、资金安全、居住用工保障等方面可谓细致入微,不遗余力,甚至投资者存在违法违规情形时,有关部门作出处罚前,都会主动给予投资者"赎期"。

一、投资地位在法律上的保障

外国投资者享有公平公正对待的权利,适用国民待遇原则和互惠原则。

在对待投资及投资者的态度上,从新《投资法》的法条描述中新旧两部法律发生了根本性的变化。1997年第8号《投资保障和鼓励法》第二章有关投资保障章从第8～第11条全都是以"不得……"开头,这种义务性规范形式明确表达一种政府对外国投资者的某种"照顾"。从外国投资者角度看,就是"我的公司或企业不被国有化、不被没收;我的财产不被监管、扣留、占有、冻结或没收;我的产品定价权、利润率制定不被干预;我的不动产证书不会被废除……"因此,投资者要感谢埃及政府给予的保障。这样的规定似乎是把外国投资者的地位人为地"拔高",同时也让埃及国内的投资者感到自己投资不安全。之所以1997年第8号《投资保障和鼓励法》使用这样的表述和当时的时代背景是分不开的,第一章我们讨论过埃及投资立法的背景,这里就不赘述了。新《投资法》在投资地位的描述上增加了授权性规范表达方式,第3条第1款,开宗明义:在埃及从事的投资活动一律予以公平对待。第2款保证外国投资者享有国民待遇,虽然路还很远,但是却指明了方向。第3款根据互惠原则,外国投资者还享有对等的特殊优惠。

二、投资资金的保障

对于投资资金的保障,不仅保障投资项目不被国有化、财产不被充公外,投资者所获得的利润、项目撤出或转让后的资金也可以自由汇出国外。

新《投资法》第4条第1款规定了不得对投资项目实行国有化。其后第2、3、4款都是但书条款,也就是说在什么情况下可以剥夺投资者的项目,对项目进行扣押、留置,扣留、冻结、没收项目资金。在第三章第二节"投资原则"第8项"国家有权维护国民安全和公众利益原则"中已经提及,故这里不再重复。

对于资金流通,新《投资法》给出了最大限度的自由空间,不论是投资方业主还是其聘用的外籍员工,尤其在汇出资金上没有设置障碍性条款,这在目前埃及外汇储备不足、埃及镑贬值的金融背景下是难能可贵的。这也符合新《投资法》第3条第5款"守约践诺"的原则性保障,主要表现在以下两个方面。

(一)对投资者

投资者有权设立、建造和扩大投资项目,有权以外汇形式将项目资金不受限制地从境外汇入,同时有权对项目资金进行占有、管理、使用和处置,有权获得项目资金利润并将其汇往境外,有权对项目进行清算并在不侵犯第三方权益的情况下将清算分配金部分或全部汇往境外。这里的汇入或汇出的资金包括以下金融货币或财产权利:

（1）可以自由兑换的外币现钞，通过埃及中央银行登记注册的任一银行汇入，用于设立、建造或扩大从事投资法及其实施条例规定活动的任何项目；

（2）可自由兑换的外币现钞，通过埃及中央银行登记注册的任一银行汇入，依据总局理事会决议确定的原则用于认购埃及有价证券或者从埃及证券市场购买；

（3）埃及镑现钞，在已使用自由兑换外币建造或扩大项目的情况下，经有关部门批准，用其自由支付外币结算中的应付金融债务；

（4）从国外进口机械、设备、原材料、商品化补给、运输工具等，用于设立、建造或扩大项目；

（5）知识产权及精神权利，权利人为外国居民，用于设立、建造或扩大项目，例如在世界知识产权组织成员国登记的或符合现行有关该事项国际条约中规定的国际注册原则的发明专利、商标、商号等；

（6）利润，由投资项目实现的、可兑换汇往国外的，用于补缴、增加资本或投资于其他项目。

在项目清算时，有关行政机关须在清算组提交必备单据的清算申请之日起最长120天内以书面形式告知清算中的公司所应履行的义务并通知总局。清算完毕后，分配清算结余，在还有剩余财产的情况下分配给投资方。

（二）外籍员工

新《投资法》第8条第3款规定，投资项目的外籍员工可将部分或全部应得报酬汇往境外；新《投资法实施条例》第6条第3款做了相应的解释：投资项目的外籍员工可依据埃及中央银行适用的规则将部分或全部应得报酬汇往境外。

根据2003年88号《中央银行和金融机构法》第116条的规定，作为自然人的外籍员工办理"开户"手续填写相应格式表格就可以了。需要提示的是，携带现金出境时，根据该法第116条的规定，超过1万美元或等值货币就需要银行开具的"携带证明",埃及镑现钞是不能超过5000元的。

埃及个人所得税的问题,根据2005年91号《所得税法》第2条的规定,作为受该法调整的自然人是指:①在埃及有长期居住地;②在埃及连续或在12个月中累计居住超过183天;③在境外工作,但是从埃及国库获得收入的埃及人。

显然①更有可能符合在埃及置业的投资者,而②更符合本节讲到的外籍员工的情形。根据所得税法第7条的规定,年收入总额超过5000埃及镑,超过部分实行累进税率缴纳所得税。该法第8条给出了累进税率表(如表5-1所示)。

表 5-1　累进税率表

分档	收入总额	概率
第一档	超过 5000 ~ 20000 埃及镑	10%
第二档	超过 20000 ~ 40000 埃及镑	15%
第三档	超过 40000 埃及镑	20%

2015年第69号总统令对原累进税率进行了调整,将起征额由5000埃及镑上调到6500埃及镑(如表5-2所示)。

表 5-2　调整后的累进税率表

分档	收入总额	概率
第一档	超过 5000 ~ 20000 埃及镑	10%
第二档	超过 30000 ~ 45000 埃及镑	15%
第三档	超过 45000 ~ 200000 埃及镑	20%
第四档	超过 200000 ~ 1000000 埃及镑	22%
第五档	1000000 埃及镑以上	27%

目前,人民币和埃及镑的汇率约为1∶2.5,假如作为埃及企业的中国员工每月能拿到1万元人民币水平的工资,不含津贴(《所得税法》第12条),约合25000埃及镑/月,那么年收入就是30万埃及镑左右,则属于第四档。如果在埃及12个月中累计居住未超过183天,则属于非常驻人员收入,按照

所得的 10% 征税（《所得税法》第 11 条）。

同时我国和埃及早在 1997 年 8 月就签署了两国政府关于对所得避免双重征税和防止偷漏税的协定，根据该协定第 23 条消除双重征税的规定，一般情况下，中国居民从埃及取得的收入，在埃及缴纳的税额可以在中国抵免。这就是说中国员工把从埃及的所得收入汇到国内时不需要担心双重征税的问题。

三、居留保障

新《投资法》第 3 条第 4 款规定了给予外国投资者在投资项目期间的居住许可。新《投资法实施条例》第 4 条做出了解释：在遵守阿拉伯埃及共和国有关居留的现行法律规定下，外国投资者满足下列条件时发放居留许可：

（1）投资者为公司的发起人，股东或合伙人，以及企业主；

（2）居留期限不低于一年且不超过项目期。

有关居留的现行法律主要是指 1960 年第 89 号《阿拉伯埃及共和国外籍人士出入境和居留法》。该法规定了聘用外籍员工入职离职 48 小时登记报送制度（第 14 条）、三种居住权（特殊、普通和临时）（第 17 条）、未获得居住权的外国人处置方式及罚则等内容。

新《投资法实施条例》第 5 条规定了居留申请和发放程序。具体如下：

（1）填写总局专门为外国投资者居留准备的表格向总局提交申请；

（2）总局依据经内政部批准的、由总局理事会决议做出的原则和规范发放许可，该原则和规范依照公司宗旨的类别和级别、资本、员工数量，以及活动开展的地点做出；

（3）在项目设立之时发放期限为一年的居留许可，在确定认真开始实施项目后延长一年，之后每次可延长 5 年，但不论哪种情况居留期限不得超过项目期。

2018 年 6 月 16 日埃及议会通过了一个对 1960 年第 89 号《阿拉伯埃及共

和国外籍人士出入境和居留法》和1975年第26号《埃及公民法》的修正法案，规定任何外籍人士在埃及存入不少于700万埃及镑或等值外币的存款可获得5年的居住权，连续居住后可申请成为埃及公民。该修正法案与此前1975年第26号《埃及公民法》所规定的至少连续居住10年的非埃及籍居民才可以申请入籍相比，申请所需的居住期缩短了一半。居住5年后如果申请入籍，经内政部批准，已存入的700万埃及镑"贡献"给国库后，申请人将正式成为埃及公民。

四、行政处罚前的"赎期"

赎期是个买卖交易中支付方式的术语，货物卖方将货物交给了买方，而买方不当时给钱，在一定期限后再将货款支付给卖方。投资者在埃及投资需要进行大量程序性操作，准备复杂的合规文件，不管是投资前还是投资项目已经落地，甚至是后续的经营活动，谁也不敢保证不出纰漏，一旦投资者出现了投资法管辖的违法事由，根据新《投资法》的规定，不会立即给予行政处罚，而是给予一个"赎期"，即"赎罪"的宽限期。只要投资者在一定期限内自行消除违法事由，就不再受行政处罚。

新《投资法》第5条明确规定，任何情况下在做出前款所述决定前必须征询总局意见，总局应在收到征询申请后7日内依照法定程序做出回复。

新《投资法实施条例》做出的细则规定是通过以能获取签收人信息的挂号信的形式发出书面警告、听证并且给投资者不超过60天的时间（从警告发出之日算起）消除构成违规事由，否则主管行政机关不得撤销或暂停颁发给投资项目的许可证书或收回被专门用于投资项目的不动产。如在宽限期届满投资者未消除违法事由，主管行政机关在做出决定前以书面形式征求总局对投资者采取法律措施的意见。

这就说明，即便在投资者给予的宽限期届满未采取行动消除违法事由，主管行政机关也不得擅自做出行政处罚决定，还要征求投资项目的"娘家"——投资和自由贸易区总局的意见。例如某个工业投资项目违反埃及工业促进法有关规定，在其主管行政机关——埃及工业发展总局要对其进行行政处罚之前，需要征询投资和自由贸易区总局的意见，不得擅自做出决定。

如果是投资项目的"娘家"，投资和自由贸易区总局发现其违反新《投资法》规定情形的，根据新《投资法》第81条、实施条例第124条，会做出严格于其他主管行政机关的处罚程序。

总局执行局长或其授权人有权在公司或企业违反投资法规定时向其发出一份警告函，令其在自警告之日起15个工作日内消除违法事由。

公司或企业未能在规定期间消除的，经总局理事会同意后总局执行局长有权中止其活动，为期不超过90天。如果该公司或企业仍继续违法行为或在首次警告发出之日起一年内又违反其他规定，根据其违法的严重性和屡犯程度，经总局理事会同意后，总局执行局长可给予以下处罚措施：

（1）中止享受既定鼓励政策和减免措施；

（2）缩短享受既定鼓励政策和减免措施的期限；

（3）视做出终止决定及对公司和企业颁发许可证照的影响程度，终止享受既定鼓励政策和减免措施；

（4）吊销所开展业务的证照。

对于投资项目而言，首先，要保持自身的合法性、正当性，不通过虚构、欺诈、行贿等方式来建立投资项目。新《投资法》第3条第5款规定，通过虚构、欺诈、行贿建立的投资项目不能享受本法规定的投资保护、特殊保障、优惠和减免政策。同时埃及刑法也规定未征询有关主管行政机关意见前，不得对任何公司提起刑事诉讼，保障投资方在刑事责任方面具有一定的"豁免权"。其次，在项目落地运行当中需要有专业的法律队伍来处理各种与行政机关程序性的、与复议机关开展行政复议类的、与仲裁机关开展仲裁类的、甚至与司法机关开展诉讼类的各项事务。新《投资法》从行政管理角度秉持"重警告轻处罚""动口不动手"的待客政策，只要投资者保持冷静，按照新《投资法》规定的程序主动消除违法事由，一般是不会走到司法诉讼阶段的。最后，新《投资法》还给予了投资者对行政处罚的非诉讼类救济方式：复议和仲裁，这方面在第七章中阐述。

第二节 投资鼓励

一、一般鼓励

一般鼓励是给依自由贸易区制度设立项目之外的投资者享有的鼓励政策，主要是指按照国内投资制度设立的投资项目。投资者根据自己行业的需要并非一定选择自由贸易区制度，自由贸易区设立项目虽然享受的鼓励和减免力度大，但是其地理位置有其自身的局限性、不稳定性甚至不安全性。既然来埃及投资，不论适用哪种投资制度，埃及政府同样给予鼓励，一般性鼓励主要体现在以下几方面。

（1）公司或企业自商业登记之日起5年内免除其组建合同、与业务有关的信贷、抵押合同的印花税和公证、认证费；

（2）免除公司或企业设立所必需的土地登记合同的印花税和公证、认证费；

（3）公司或企业执行1986年186号《海关豁免法》第4条规定，对其建立所必需的各种进口机械、设备和仪器统一按照货值的2%征收关税；

（4）对从事公共设施项目的公司或企业，对其项目建立和完成所必需的各种进口机械、设备和仪器执行2%统一税率；

（5）在不违反1963年66号《海关法》临时放行规定的情况下，受本法调整的工业性质的投资项目进口模具或其他带有类似属性的生产工具，旨在暂时利用其制造产品后回运境外的，免征关税；

（6）根据2005年第91号《所得税法》第31条规定：①由社会发展基金投资的项目给予5年所得税免除；②开垦、耕种贫瘠土地或沙漠化土地给予

10年所得税免除；③饲养动物、养蜂、畜栏养殖畜牧及制奶业给予10年所得税免除；④捕鱼、经营渔场及渔船给予10年所得税免除。

二、特别鼓励

特别鼓励是本部投资法的重头戏，埃及政府这次拿出了"你敢投我敢给"的气势，为了迅速恢复因政治动荡停滞不前的经济以便实现"埃及2030愿景"，政府出台了前所未有的鼓励政策：最多投资成本50%的折扣，这个投资成本根据新《投资法实施条例》第11条第2款的规定，定义为设立投资项目所需的费用（包括财产权利加上远期负债），即投资在设立或建造项目中的固定资产（有形）和非物质资产（无形），以可现金购买和现金为营运资本为条件。尽管2015年发布的第17号总统令修订了1997年第8号《投资保障和鼓励法》2015年版实施条例中有关投资鼓励的措施，希望通过给予更大力度的鼓励来刺激对某些吸纳劳动力、解决偏远地区就业，以及清洁能源等行业的投资，但是其力度远不及此次新《投资法》。

（一）甲类50%折扣

新《投资法实施条例》第10条做出了对新《投资法》给予的依据投资路线图在甲类区域设立投资项目，投资成本50%折扣的细则。苏伊士运河经济区、黄金三角洲经济区，以及由内阁决议划定的其他亟须发展的区域须具备如下特征：

（1）经济发展水平低，国内生产总值低，以及非正规部门激增；

（2）操作水平低，就业机会少，以及失业率上升；

（3）具有下列社会指标：①人口激增；②教育水准不高，文盲率上升；③医疗卫生服务差；④贫困程度高。

苏伊士运河经济区主要包括四个地块：位于埃因苏赫纳的苏伊士经济区、西坎塔拉地区（West Qantara）、科技园区地块和东塞得港经济区。我国投资的中埃·泰达苏伊士经贸合作区 1 平方千米起步区及 6 平方千米扩展区就位于埃因苏赫纳，是整个苏伊士经济区的一部分，而东塞得港经济区主要是面向来自俄罗斯方面的投资。

黄金三角洲经济区是指由位于埃及南部的三个城市奎纳（Qena），萨法加（Safaga）和阿奎西尔（Al-Quseir）连成的以三个主要花岗岩矿区为支撑的、由内地（奎纳）面向红海沿岸（萨法加和阿奎西尔）的"三角形"工业区，面积约为 84 万费丹（1 费丹约合 0.42 公顷）。可开发的项目包括采矿、工业、农业、交通、能源、港口、物流、城镇开发建设、旅游和公共设施等。

除以上新《投资法》明确的苏伊士运河经济区和黄金三角洲经济区，对于内阁决议划定的其他亟须发展的区域，根据埃及投资和自由贸易区的官方发布，截至 2017 年底主要有以下几个：

（1）新行政首都（The New Administrative Capital），位于首都开罗和苏伊士之间，距东开罗 45 千米，面积 17 万费丹，已投入 40 亿埃及镑进行第一阶段的基础设施建设。

（2）阿拉曼新城（New Alamien city），位于埃及西北部地中海沿岸，是马特鲁省的一个以石油化工为产业的海滨城镇，距开罗约 240 千米，距亚历山大约 100 千米。阿拉曼新城项目代表了占埃及领土面积 12.8% 的马特鲁省，在旅游、农业、工业、商业和教育领域吸引外来投资。

（3）杜姆亚特家具城（Damietta furniture city），杜姆亚特省位于埃及北部地中海沿岸，处在地中海与尼罗河的交汇处，距塞得港约 70 千米。该工业项目将定位为一个占地 333 费丹的"家具之都"，旨在建设一个家具制造集群并带动相关产业，包括家具研究发展中心、家具学院、可再生能源站点建设及酒店业等。

（4）杜姆亚特物流中心（Damietta Logistic Hub），该项目主要是在杜姆亚特省建设一个 400 万平方米的粮食物流中心。

（5）卢比卡皮革城（The Leather City in Al-Robieky），卢比卡被誉为埃及的

"皮革之都",位于开罗以东40千米的卢比卡新城。该项目旨在建设中东地区的皮革加工中心,总占地面积1629费丹。

(6)大型铸造厂建设项目(The Establishment of a Large Foundry),目前埃及还未有大型的铸造厂,该项目提上日程,但尚未给出具体操作细则。

(7)在埃及各省开展150万费丹"复垦"的埃及式农村计划(Al-Reef Al-Masry Project "Reclamation 1.5 million feddans in Egypt's Governorates"),Al-Reef的阿语原文是الريف,指农村。该计划设计组建注册资本为10亿美元的Reef公司,将土地以用益物权的方式划拨给投资者,投资者可通过向埃及农村开发公司投标的方式获得超过2000费丹土地进行"复垦"利用。这里复垦加了引号是因为投资者对土地的利用不仅限于农业种植,还包括工业、物流和房地产开发。

(二)乙类30%折扣

乙类区域投资成本30%折扣,包括除甲类区域外国内其他地区从事的以下项目或行业:劳动密集型项目;中小型项目;制造和依赖新能源和可再生能源的项目;由最高投资委员会决议确定的国家级和战略性项目;由最高投资委员会决议确定的旅游产业项目;发电和配电项目;产品出口到阿拉伯埃及共和国境外的项目;汽车及相关配套产业;木材加工、家具制造、包装、印刷及化工行业;生产抗生素、抗肿瘤药物及美容化妆品行业;食品、农产品及农业残留物回收行业;工程设计、冶金、纺织及皮革加工行业。

这里重点说一下劳动密集型项目。1997年第8号《投资保障和鼓励法》2015年版实施条例第36条规定,劳动密集型投资项目须满足以下三个条件:

(1)项目员工数量中有不少于250名埃及籍员工;

(2)不增加投资成本情形下创造25万埃及镑的就业机会;

(3)该项目直接工资成本高于项目运营总成本的35%。

此次新《投资法实施条例》删除了第(2)条,并对(1)、(3)条进行了修改，如下：

（1）项目员工数量中有不少于500名埃及籍员工；

（2）该项目直接工资成本高于项目运营总成本的30%。

对用工人数倍增的条件，从一个侧面反映了埃及目前需要安置就业的劳动力有着庞大的基数。对于投资方来说，如果在1997年第8号《投资保障和鼓励法》2015年版实施条例生效日期，即2015年7月7日至新《投资法实施条例》生效的2017年10月29日之间设立了劳动密集型项目，其用工人数到达250名埃及籍员工即可享受乙类投资30%的折扣，否则就必须达到先前的一倍。

（三）投资成本折扣规定

享有特别鼓励的投资主体应满足下列条件：

（1）从事投资项目的新建公司或企业；

（2）本法实施条例生效前三年内成立的公司或企业，经主管部长上报内阁决定可延长此期限一次（该条上文做过详细分析）；

（3）公司或企业定期计账，如果公司或企业在多地经营，每个地方有独立账目则每地都享有已规定的折扣比例；

（4）在本法生效时，即从2017年6月1日起，任何已提供、入股、使用公司、企业物资，用于设立、组建、举办享受鼓励投资项目的股东、合伙人、业主，以上第（2）条期间处在清算中的公司或企业旨在新建享受上述特别鼓励的公司或企业的予以排除。

在任何情况下，投资鼓励不得超过从事活动之日前实缴资本的80%。举例说明，如某国B企业在甲类区域投资100万美元，实缴资本20万美元，那么根据投资成本50%折扣，计50万美元。埃及政府不可能在投资方只投入20万美元的情况下再给50万美元的折扣，所以规定了最多投资鼓励不能超过实缴资本的80%。

折扣期自开始从事活动之日起不超过7年。

总理依据主管部长、财政部长和有关部长共同提交的报告确定上述甲类、乙类投资活动配置的子行业，即以上项目还可以拓展相应的细目，这意味着还有更多的终端行业将被纳入投资鼓励目录中，投资者可关注投资和自由贸易区总局的官网。其他新型活动是否享有特别鼓励由最高投资委员会做出决定。

三、额外鼓励

在上述甲类、乙类区域投资的项目除了享受相应的特别鼓励外，内阁决议可给予额外的鼓励，具体如下：

（1）经与财政部长商定后可针对进出口的投资项目设立特殊海关窗口；

（2）投资项目开展经营后，投资者支付的、关联在投资项目所划分不动产的全部或部分公用设施的费用由国家承担；

（3）国家承担部分针对员工的技术培训费用；

（4）用于工业项目的特定土地，在交付后两年内项目开始生产的，其一半的价金由国家返还；

（5）针对部分战略性投资活动，依据有关既定法律无偿划拨土地。

与1997年第8号《投资保障和鼓励法》2015年版实施条例第37条做出相同特别鼓励的规定相比，新《投资法实施条例》取消了1997年第8号《投资保障和鼓励法》2015年版实施条例中给予所使用能源更低费率和国家承担开工项目雇主、员工全部或部分保险两项规定。可以看出埃及政府在特别鼓励的给予上显得更加谨慎，对于投资方来说，越早下手得益越多。特别鼓励这一块从法律更新的角度来看是趋向越来越窄的。

对能够享受特别鼓励的项目主体，新《投资法实施条例》第12条规定了附加如下条件：

（1）阿拉伯埃及共和国须为产品生产的主要产地之一，或该公司产品主产地为阿拉伯埃及共和国；

（2）项目资金的筹措依赖于外资，依据中央银行理事会确定的规范通过埃及的银行由境外汇入；

（3）产品至少50%出口到境外；

（4）公司经营活动在某一高新技术领域，引进先进科学技术并大力扶持配套产业；

（5）项目产品上增大本地成分，但产品中原材料和加工配料的本地成分不得低于50%，符合工业发展总局现行规范；

（6）该公司的活动应该基于在阿拉伯埃及共和国进行的研究项目所产生的研究成果。

第三节　投资者的社会责任

第三章在阐述"兼顾具有社会层面、环境保护和公共健康属性的各个方面"这一投资原则时提及了投资者的社会责任。新《投资法实施条例》第2条就是对投资者的社会责任做出细则规定。新《投资法》给予了投资者充分的投资保障，在投资地位、资金、居住等各个方面让投资者安心开展相应的经济活动。加入投资者的社会责任项反映了埃及政府吸引投资者的同时也需要投资者在埃及社会发展中做出一定贡献，并且用法律形式确定下来。

根据新《投资法》第15条规定，为实现全面的可持续的发展目标得从投资者年利润中划出一定比例来，用这笔资金建立投资项目之外的社会发展制度，通过投资者共同参与的方式如下：

（1）采取必要措施保护和改善环境；

（2）在医疗保健、社会保障、文化关怀或其他任何发展领域付出劳动或献言献策；

（3）通过与大学或科研机构签订协议的方式来支持技术教育或者资助旨在发展和改进生产力的研究、学习和宣传活动；

（4）培训和科研。确保更新运用于生产力中的科技，从事为改善环境和避免恶劣环境影响的研究。

对于第（1）项采取必要措施保护和改善环境、改善社会环境条件、改进各种环境问题，具体包括：①创建垃圾回收机制；②使用中水处理厂站；③使用新型或再生能源；④安全方式的废料处理；⑤降低温室气体排放或减少影响气候变化的项目。

对于第（2）项在医疗保健、社会保障、文化关怀或其他任何发展领域付出劳动或献言献策，具体包括：①为有特殊需要人群提供就业机会；②对青年或体育活动提供赞助；③关怀科学、技术或体育领域的杰出人才或发明创造者；④参与关爱贫困家庭或改善民生的计划；⑤与青年体育部、人力资源部和国家移民和埃及侨民事务部协作，资助针对提倡安全移民和限制非法移民的宣传活动，资助为非法移民提供正向替代出路而取得资格或培训的计划，如自主创业、国内外各种工业或服务业员工培训计划等。

投资法第15条明确规定的四项领域，投资者在任一领域所花费的金额为不超过年度纯利润的10%，依照2005年91号《所得税法》第23条第8款规定作为成本和开支予以扣除。

除了该四个领域外，在卫生领域的投资者还有每年10%的无偿贡献，即医院应每年无偿提供10%的住院床位；医疗、治疗或诊断中心每年对10%的病例提供免费。

第六章 管理机构

第一节 最高投资委员会及内阁

一、最高投资委员会

最高投资委员会是依据2016年第478号总统令组建的,由塞西总统亲自任委员会主席,旨在向埃及,以及外国投资者传递清晰、正确的投资信息,消除侵蚀投资的官僚主义。

该委员会的组成人员,除塞西总统外,其他人员也可谓位高权重,几乎囊括了整个内阁:总理、中央银行行长、国防部长、军品部长、财政部长、投资和国际合作部部长、内政部长、司法部长、对外贸易和工业部长、公共情报局主席、行政管理总局主席、投资和自由区总局执行局长、埃及工业联合会主席、投资者协会联合会主席。

最高委员会的主要权力包括:

(1)采取一切必要措施营造更好的投资环境并为规定所需条件给予指导;

(2)制定投资气候立法上和行政上改革的总体框架;

(3)通过确定有针对性的优先投资项目的政策和投资路线图,该政策和路线图应与国家总方针、社会和经济发展计划,以及现行投资制度相一致;

（4）贯彻执行国家机关在涉及投资方面的方针和计划，致力于发展大型经济项目，改进私营部门参与项目的现状；

（5）在国家经济发展方针的框架下，在各专门行业，以及不同地理范围内不断更新和贯彻投资路线图；

（6）探索各行业的投资机会并研究与此有关的核心问题；

（7）监测与投资有关的国际报告和指标上埃及评级及排名的发展；

（8）跟进投资争议解决机制，以及国际仲裁案件的现状；

（9）研究和制订解决投资壁垒的方案，消除执行本法的障碍；

（10）对主管投资的各部委总局各政府机关共同承担连带责任并实现各部门运行一致；

（11）解决在投资领域中可能会发生的分歧与冲突。

除以上权力外，新《投资法》规定中涉及事项由最高投资委员会决定或向其报告的还有：由最高投资委员会决议确定的国家级和战略性项目；最高投资委员会决议确定的旅游产业项目；总局执行局长应编制年度计划、总局每五年的可持续发展战略，编写包括工作总结、为实现投资程序便利化的工作成就，以及招商成果在内的半年报告通过主管部长提交到最高投资委员会；总局理事会成员财产年度审计报告应通过主管部长呈递到最高投资委员会；投资性园区理事会成员财产年度审计报告应通过主管部长呈递到最高投资委员会；科技园区理事会成员财产年度审计报告应通过主管部长呈递到最高投资委员会；公共自由贸易区理事会成员财产年度审计报告应通过主管部长呈递到最高投资委员会。

任何行政机关对投资项目做出增加资金和加重程序负荷的一般性调整性决定，或对投资项目强行收取服务报酬与税费，或对该种报酬与税费进行调整的，须征得总局行政会议同意并经内阁和最高投资委员会批准；其他新型活动是否享有特别鼓励由最高投资委员会做出决定。

二、内阁

埃及内阁或者说是埃及国家委员会，由各部部长和总理组成，主管埃及一切行政事务。新《投资法》也规定了由内阁决议颁发单一批准文件的规定。

新《投资法》第 20 条规定，经内阁决议可颁发给从事战略性项目、促进实现发展的国家级项目或私营部门与国家、公共部门及公共事务部门共同参与的公共设施建设、基础设施建设、新能源或可再生能源、道路、运输和港口建设等活动项目的公司含有建筑许可、不动产划拨在内的项目设立、经营和管理的单一批准文件，该批准文件无须经任何其他程序自动生效。

新《投资法》的这一规定是一揽子解决"令出多门"、程序冗余的终极"杀手锏"，因为各主管机关的共同上级就是内阁，由它们的共同上级颁发单一批准文件。凭此"尚方宝剑"就避免了项目落地实施过程中各部门扯皮推诿的官僚主义问题。

新《投资法实施条例》同样规定了申请该单一批准文件投资者的条件，因为是最高行政机关颁发证书，所以设置了门槛：

（1）根据新《投资法》规定，采用埃及股份公司的形式，其发行资本不得少于项目投资成本的 50%；

（2）提交一个由获准执业的国内或国际知名专家编制的总体规划；

（3）提交一份项目实施进度表；

（4）具备各种基础设施（道路、供水、排水、电力、通信、垃圾处理）；

（5）提交一份确认书，确认遵守相关法律法规规定的与公司活动有关的规范和条件。

第二节　投资和自由贸易区总局

投资和自由贸易区总局（The General Authority for Investment and Free Zones，

GAFI），始建于1971年，总部位于开罗，对埃及人和外国投资者是个耳熟能详的机构，可以说是在埃外国投资项目的"娘家"。它隶属于埃及投资和国际合作部，是一个独立预算的公共法人机关，执行国家投资部署、进行投资鼓励、投资事务的发展和运营、招商等以实现国家经济发展方针为宗旨开展工作。

一、总局的"特权"

总局在受理投资项目注册、财务、行政管理、人事等方面可不受其他法律和政府规章制度的制约，同时总局有权处分自己所有的，以及归其管控的不动产。特别在处分不动产时，不受1998年89号《招投标法》限制，总局为了达到执行其对现有投资机会在境内外招商计划的目的可以将这项任务委托签约给专业公司。

新《投资法》第70条规定，在不违反1992年95号《资本市场法》、1995年95号《融资租赁法》、2001年148号《不动产融资法》、2003年88号《中央银行及银行钱庄机构法》，以及2009年10号《对非银行金融工具和市场监管调整法》规定的情况下，总局作为独有的贯彻实施本法和1981年159号《股份公司、股份有限合伙企业和有限责任公司法》的行政机关。总局在财务和行政问题上可不受政府规章制度的制约，总局为完成其任务可借助于国内外最具能力和经验的资源，同时不得违反2014年63号法律《关于国家机关有偿工作人员收入限额》的规定。总局为实现其目的进行定约、行使处分权和进行交易，可划拨国家专有资产中的不动产或者为其行政事务需要使用不动产的目的重新将不动产划拨给自己。

总局除以上的权力外，其权限或职能还体现在：

（1）与国家各主管机关协调合作编制投资方针项目，其中包括投资类型和投资制度、投资的地理范围及其行业、国有不动产或其他公共法人所有的可用于投资的不动产目录，以及根据投资制度类型采取的不动产处分制度和方式；

（2）根据国家投资方针制订计划、开展研讨和形成制度确保吸引和鼓励国内外资金在不同领域开展投资活动，以及相应的必要程序；

（3）编制可供投资机会、有针对性投资项目及活动的数据库和路线图，持续更新数据库和路线图，并向投资者提供该信息和数据；

（4）向享受本法规定投资鼓励和保障的投资者颁发必要的证照；

（5）制订招商计划并为此采取一切必要措施在境内外利用各种方式及宣传媒介；

（6）经与各主管机关协调后统一专门用于投资事务的各种官方文件模版并通过互联网或其他媒介提供；

（7）制定有助于国民经济发展的自由贸易及投资区域的管理制度；

（8）研究涉及投资方面的立法，提出立法所必要的建议并定期对该立法进行复查；

（9）可在国内外组织举办与投资事务有关的会议、研讨会、培训班、研习班和展览等活动；

（10）可以与国际、外国机构或组织在投资、招商领域开展合作；

（11）根据本法实施条例说明的规则和程序，以及其他法律规定，对受本法调整的公司进行监督和检查，并对查明的任何违法行为采取其所认为必要的措施；

（12）在其网站每年应发布一份报告公布享受本法规定鼓励政策的公司花名册，报告中还应包含公司业务活动的属性、地点、享受鼓励政策的类型，以及合伙人、股东或公司所有人名称；

（13）每年发布一份报告公布依据本法规定接收土地的公司花名册，报告中还应包含该土地的用途、类型、面积和准确的地点、专家评估意见，以及合伙人、股东或公司所有人名称。

（14）制定确保法律赋予公司的治理方针原则、责任、保障、权利等方面得以实施的规章制度。

二、总局理事会

总局设立理事会,理事会是管控总局事务的最高权力机关,理事会有权制定总局总体方针政策并监督其方针政策的执行,由总理决定总局理事会的组成,包括:① 主管部长为主席;② 总局执行局长;③ 总局副执行局长;④ 三名有关机关或部门的代表;⑤ 一名在私人投资领域有经验的人士和一名法律界资深人士。

以上总计至少为8名成员(总局副执行局长不超过5名),任期三年可连任。理事会最少每月召开一次会议,法定与会人数至少为2/3的代表。理事会的召开可以部分或全部通过某种现代电子通信方式:电话会议、视频电话会议等,在此情形下,出席会议理事应在会议召开后48小时内通过电子邮件、电子签名及其他方式对会议决议发表意见。

理事会主席在有需要的时候可以邀请专家列席会议,但列席专家对理事会做出的决议无表决权。理事会决议以多数与会成员表决同意的方式通过,在票数相同的情况下,由理事会主席所在一方意见为主。

理事会的主要职能如下:

(1)在国家投资政策框架下制订总局业务活动及进展的计划;

(2)制定机制激活投资者服务中心体系,以及跟进其执行情况;

(3)确定给付总局的服务费用;

(4)确立内部规章和有关总局财务、管理和技术方面的执行性决定,制定总局组织架构;

(5)通过总局的年度预决算;

(6)制定自由贸易区及投资区域理事会的组成规则、职权范围和运行制度,其中理事会组成和职权范围应由总局执行局长决定发布;

(7)批准通过建立、发展和管理自由贸易及投资区域必要的规章、制度和格式模版。依据所适用的不同投资制度确定撤销项目的规则和机制,以及吊销为投资项目所发放批准证书的必要条件；

（8）根据本法批准发放许可证照的条件、批准占用不动产和回收包括地上建筑物及设施、内部装修装饰特别是与投资区域有关不动产的条件；

（9）经与海关协调后批准以下事项：货物进出的基本规则、对货物的登记规定、存储货物的占地费，单据检验、复验，监管、守卫自由贸易区的专门制度，以及收取应缴费用等；

（10）批准总局为活跃本法规定的投资者服务中心而设立的分支机构及办事处，并批准其提供投资服务；

（11）制定由总局提供的投资服务自动化系统；

（12）制定为确保贯彻治理原则、为适用对公司后续检查监管工作规范，以及依据本法实施条例所说明的方式对此采取必要措施的制度与规则；

（13）在不触及国家安全、隐私权、信息秘密和保护第三方权利的前提下，制定能确保为投资项目开展活动提供必要统计资料、数据及信息的制度，各主管机关应按制定该制度所要求的项目向总局提供。

和投资性园区、科技园区、自由贸易区的理事会一样，总局理事会也有自己的职能秘书处。秘书处由主任及总局多位工作人员组成，其人员的挑选和薪资由总局执行局长提议，总局理事会主席，也就是投资和国际合作部部长决定。秘书处负责准备议题和议程，同时根据不同情形向理事会成员和受邀者发出邀请并对理事会的会议纪要和决议做好定期记录。

总局理事会主席负责报告供讨论的会议议程及发布理事会做出的决议。同时有权将其认为包括新兴事务在内的重要议题在会议上提出。除经理事会主席特别批准，或有关部门调查令、法庭允许外，理事会成员的讨论不予公开、不得泄露。职能秘书处负责将会上讨论的综述、表决情况，以及对议题做出的决定在会议纪要中如实记录。

在必要时，经总局理事会主席批准，职能秘书处可将所提交要求做出决议的议题备忘录，连同理由、依据通过某种方式（当面递交、传真、电子邮件)送达每一位理事会成员。理事会成员也可采用上述方式发表意见,在全体成员一致同意的情况下理事会做出决议,但在随后的第一次会议上应向理事会通报该决议。

三、总局执行局长

根据主管部长提交,总理做出决定,任命总局执行局长及其副职,总局执行局长及其副职任期3年,可连任一次,副局长职位不得超过5名。

总局执行局长代表总局对外交涉相关事务,同时处理总局内部事务和执行总局理事会决议。总局执行局长在行使职权中有一定的自由裁量权来为投资者提供简化或便利的服务程序,主要涉及三个方面:①制定有关股东大会、公司董事会,以及核准会议纪要程序便利化的规范、条件,其中包括涉及受理时间、处理提交材料等其他方面,以及总局平台开通的电子服务方式;②发展、整合、简化增资减资程序、财产评估系统及验证程序;③制定确保有关投资环节的编制与后续对公司监管相互独立的规范。

执行局长的主要工作内容体现如下:

(1)编制年度计划、总局5年可持续发展战略,编写半年报告(半年报告包括工作总结、为实现投资程序便利化的工作成就、招商成果等),并提交总局理事会;

(2)向总局提交年度计划和第(1)条中的报告,其中包括在总局年度计划和5年发展战略指引下所取得的成就、投资程序便利化及招商方面的成果和最突出的投资障碍问题,以及主管部长为改善投资环境对政策、措施及立法修改等提出的建议;

(3)执行局长认为有必要时,经总局理事会同意后,执行局长可批准完善和更新非总局所有的公共自由贸易区的基础设施,为此所花费的资金从土地所有者受益于该区域已建项目中所收的用益物权费用中抵扣。

(4)经与有关部长达成一致由司法部做出决定从总局中授予具司法警官

属性的职员旨在证实违反本法、1981年159号《股份公司、股份有限合伙企业和有限责任公司法》及两部法律执行决定的犯罪行为。经执行局长做出决定后该种具备司法警官属性的职员为办理案件需要可进入适用本法而设立的投资项目查阅文件单据、记录等，同时应向执行局长提交一份办案结果的报告。

（5）总局执行局长或其授权人有权在公司或企业违反投资法规定时经总局理事会同意可对该公司或企业做出相应的行政处罚（详见附录新《投资法实施条例》第124条）。

第三节 投资者服务中心

投资者服务中心由投资服务中心升级而来，在第二章新《投资法》亮点中已经介绍过，它相当于我国各地的行政许可中心，各有关行政机关代表都有相应的坐席并在窗口受理申请人的申请事宜。

一、中心职能及投资指南

投资者服务中心是一个为简化和便捷投资程序而设立的窗口式行政许可单位，它提供全方位一站式的服务。中心负责接受投资者申请，适用相应的法律法规在规定期限内发放设立和管理投资项目的批准文件、许可证书、不动产划拨凭证和各种必需的证照。中心承担着为公司组建和其分支机构设立、审批董事会和股东大会会议记录、增资、变更经营范围、清算和其他与公司有关的事宜提供服务等职能。除了传统的以纸质形式的窗口受理，中心还须利用互联网或其他必要的技术手段在可能的最快时间内以自动化的方式推进受理审批服务。

除以上受理审批事项外，投资者服务中心还要负责解释投资者最头疼的履行投资程序的问题。投资者决定投资某一个项目后，后续如何走完相应的投资办理流程也对最终投资项目落地产生影响，如果程序烦琐、时间拖沓会对投资者直接产生负面效果，这就有必要制订一个公开、方便查询的投资指南，因此，投资者服务中心还肩负着这一使命。投资指南经总局执行局长签发并在总局网站上公布，同时相应的印刷品也要摆放在投资者服务中心及其各分支机构。该指南包括以下数据和信息并被定期审核和更新：

（1）发放批准文件、许可证书或营业执照的主管部门名称，以及行政隶属；

（2）投资者需提交的文件；

（3）投资者的获批程序；

（4）依照现行法律规定，发放批准文件、许可证书或营业执照的税费；

（5）依照现行法律法规，发放批准文件、许可证书或营业执照的技术条件和规范；

（6）依照投资法规定完成行政许可的时限；

（7）与投资许可有关的法律文件；

（8）启动参保的文件。

二、进驻中心代表及收件时效

有关部门的代表须进驻投资者服务中心，其在中心工作期间受总局监督并遵守由总局理事会为调配中心工作而制定的原则和规范。经与有关部门协调后，总局执行局长确定进驻中心的初始人员和储备人员数量，其中一位的级别不得低于高级雇员水平。总局执行局长向上述人员发放为期一年可续期的进驻证。

这里的有关部门主要是各有关主管行政机关，如国防部、国家国有土地使用规划中心、古迹最高委员会、环境总局、民用航空总局等，此外还涉及公共设施公司，例如电力公司、燃气公司、自来水公司等。进驻投资者服务中心的政府部门和公共设施公司代表需满足以下条件：

（1）未受过纪律或刑事处罚，或该处罚被撤销；

（2）未因道德沦丧或有违诚信被判处刑罚或者限制自由的处罚，除非从法律上恢复名誉；

（3）具备开展进驻工作的必要经验；

（4）近两年的能力报告取得优等评价。

投资服务中心代表或行政机关负责人，应在申请文件提交后两个工作日内要求补全获得批准文件、许可证书和营业执照的必要材料，否则经过上述期限后视为材料齐全，不得要求投资人提交任何其他材料。

三、公司设立

前文在介绍投资和自由贸易区总局时讲到总局是投资项目的"娘家"，而且是唯一的"娘家"。作为唯一主管机关，总局受理通过投资者服务中心或其分支机构申请的、从事受投资法调整的活动或受《股份公司、股份有限合伙企业和有限责任公司法》调整而设立公司、企业、其他法人组织及设立后事宜。除通过投资者服务中心或其分支机构申请外，还应建立由总局立即激活的可终端操作的电子设立程序包括各种必备的数据、模版、单据在内的自动化、标准化系统，并保障该系统在互联网上安全访问。总局可使该系统应用在手机或平板电脑上，一旦被激活即可使用（例如 App 程序安装）。

为方便项目设立，由投资和国际合作部部长决定后发布各种类型公司设立合同的范本，以及公司基本章程范本。

总局为设立公司的申请人提供了投资指南，准备了相应的设立合同的范本，以及公司基本章程范本，申请人就可以一步一步将程序进行到底，具体如下：

（1）在总局门户网站创建一个账户，通过该账户来获得公司设立的电子化服务；

（2）填写公司设立表格以确定公司法定形式和公司章程，提供各种必要信息和材料以便总局受理；

（3）在线提交公司设立申请，以及有需要时完成各种修改；

（4）通过网络向受理公司设立及设立后续事宜的有关部门一次性交纳设

立费用；

（5）所有表格进行电子签名。

在上述步骤中，其中第（2）步提供各种必要信息和材料，除须前置审批的许可证书外，根据设立公司形式的不同，还要提交如下材料：

①假如设立的是投资公司。a. 递交一份存入法定比例注册资本的证明，该证明可由获批从事该项业务的任一银行出具；b. 发起人、董事会成员、经理或合伙人的身份证明复印件；c. 设立公司的委托授权书复印件；d. 如公司发起人或董事会成员为公务员、国有或公共事务公司的雇员，则应提交主管部门的许可文件。

②假如设立个人或合伙企业。a. 依不同情形，提交企业主或合伙人身份证明复印件；b. 依不同情形，提交设立企业的委托授权书复印件；c. 提交普通合伙人或其代理人，非合伙负责人，或企业主一份其非公务员和国有或公共事务部门雇员的承诺书。

在第（3）步中，设立申请时总局会对公司名称进行核名。为了省去因核名不通过的麻烦，建议申请人首先进行核名确认。

第（4）步一次性交纳的设立费用参见附录3的费用表。

申请人按照以上步骤申请后，根据新《投资法》第51条第1款的规定，总局应在设立申请完整地提交后最多一个完整工作日内决定是否批准该申请。这比新《投资法》生效前最多三个工作日的规定缩短了两天。投资者申请设立的公司在商业登记簿登记之时即刻获得公司法人身份，总局签发一个设立执照，包括以下信息：

（1）全国统一号码，按国际标准执行，不论该公司或企业的法人形式，同时还包含一个获准活动代码；

（2）项目名称、投资活动、地理位置；

（3）项目投资成本和开展活动的批文；

（4）负责管理公司的经理或者执行董事的姓名、简历；

（5）投资项目所享受的鼓励体系、何种优惠、有效期限；

（6）项目的法人；

（7）项目法定资本、发行资本、实缴资本；

（8）总部及活动开展地。

至此，投资者申请设立的公司正式成立。

四、公司设立后续事宜

新《投资法》立等可取的发照程序极大地方便投资者，把其中很重要的一个出资证明放在了发照之后。新《投资法》第51条第3款规定，依本法已完成设立的公司应提交一份已向中央证券保管机构提交证券（出资）寄存的证明。

公司设立时的资本可用任何易于兑换的自由货币，例如美元、欧元等，但须满足以下两个条件：

（1）股份公司或股份有限合伙企业已使用自由兑换货币将法定认缴资本金存入在埃及央行注册的任一银行所开立的外币账户中；

（2）其他法人公司，已使用自由兑换货币将资本金全额存入在埃及央行注册的任一银行所开立的外币账户中。

任何情况下，存入的货币须和投资者明确在投资申请中的货币币种一致，也就是说，在申请表格中填写了美元就须是美元不得变更其他货币币种，这样的规定考虑到了避免货币汇率的变化因素。同时与上市公司公布其财务报表的法定义务不抵触，上述公司也有义务按照埃及财会标准，以设立时相同的币种编制财务报表。只有满足以下6个条件时，现有公司才可以将设立申请时填写的冠名资本金由埃及镑转为易于兑换的任意自由货币，该情形更多地适用于"追溯"条款（新《投资法》第12条第2款）下的企业变更、兼并、分立等。

（1）由临时股东大会或合伙人会议按照公司章程或设立协议中规定的多数表决方式通过将其冠名资本转换为外币形式；

（2）转换前的公司已发行资本不得少于2.5亿埃及镑且已全部认缴；

（3）根据埃及央行所公布的、临时股东大会表决通过冠名资本转换的当日汇率进行货币转换，自该日期始，120天内完成后续程序；

（4）在该转换前，提交一份确认发起人、股东或合伙人在公司设立时已使用自境外汇入的、由自由货币兑换而来的资金全额认缴了公司资本的证明；同时在该转换前，提交一份确认股东已使用自境外汇入的、由外币兑换来的资金或者公司利润全部认缴剩余公司发行资本的证明；

（5）按照埃及财会标准，按已转换货币币种重新编制转换前上一年度公司财务报表；

（6）公司须以该转换货币币种编制、公布财务报表。

在公司法人变更、兼并、分立，从自由贸易区制度转化为国内投资制度或相反情形时，凡导致新公司资本转换成自由货币，不论其是新的法人、由兼并而来的合并后公司，还是由自由贸易区制度转化为国内投资制度或相反情形的公司，一律需要满足上述6个条件。

中国人有句古话叫作"未思进，先思退"。投资项目如何撤出也是投资者必然要考量的一个问题。随着2017年6月新《投资法》的实施，埃及的另一部难产的法律，也就是埃及首部《破产法》（2018年第11号法律）于2018年1月通过议会批准。之前埃及公司或企业的破产清算并没有一部专门的法律，只是在1999年第17号《埃及商法》第五章对破产程序和破产和解有所涉及，剩下的都是可以适用刑法的规定，债权人可以对投资者提起刑事诉讼，破产案件也被认为是刑事案件。

新《投资法》只规定了自愿清算这一种情形，并未规定破产清算。公司或企业的破产清算则需要适用埃及刚刚于2018年3月份实施的破产法。根据新《投资法实施条例》第39条规定，受投资法和股份公司、股份有限合伙企业和有限责任公司法调整的公司自愿清算须遵循下列程序：

（1）任命清算人，以及在商业登记机关进行清算人备案。清算人的任命由合伙人会议或公司股东大会决议做出，根据不同情形，在商业登记机关进行清算人备案包括清算人的工作范围、期限，此外还应在公司名称中增加"清算中"字样。总局应自公司在商业登记机关清算备案之日起一周内，通过投资报和一份广泛发行的日报或者其他任何电子媒体予以公告，公告费用由该清算中公司承担，公告应包括以下内容：① 清算人姓名、任务简述、清算期限；② 公司名词中加入"清算中"字样；③ 清算人开始接受附带支撑材料的债权申报日期，但该日期须在公告之日起一个月之后。

同时告知各主管行政机关该公司处于清算中，各主管行政机关应自被告知之日起120天内将清算中公司应给付财政债务或一定行为通知总局和清算人，或者自清算人提请上述给付义务之日起120天内给予答复；逾期未通告上述债务的应视为免除清算中公司的该项债务，但不妨碍追究发布虚假声明责任人或造成逾期对申请未予答复人员的刑事责任或进行纪律处分。

（2）清算完成。清算人应向总局提交一份合伙人会议或股东大会会议记录，该记录应包含依照设立协议或者公司章程规定的多数表决方式通过的、由清算人起草的对清算工作结果的报告，并附带以下材料：① 清算表，由清算人批准、按照公认的编制财务报表所依据的埃及财会原则和标准制作；② 一份清算完成确认书，由清算人针对其完成的清算工作，包括清理公司债务，分配清算结余（在还有剩余财产情况下），给合伙人和股东的确认书；③ 确认公告证明；④ 一份清算责任确认书，确认由清算人与合伙人（或股东）对清算工作负责。

经清算人申请，就公司从商业登记机关注销事宜，总局应向清算人发出一份致函给商业登记机关的函件，针对公司的清算给予批准，责任由清算人自行承担。主管商业登记的机关收到总局批准清算的函件即刻注销该公司的商业登记。

对于公司或企业的破产清算，埃及《破产法》除了设置了专门审理破产案件的经济法庭外，还提供了庭外破产和解程序、法庭介入的调解程序等。破产清算要比自愿清算情形复杂，需要针对不同的情况提出不同的应对方式。

第四节 认证办公室

一、认证办公室的设立

投资者除通过投资者服务中心、主管机关或其设在投资者服务中心的代表这样的官方途径直接办理投资项目设立、经营或扩大有关事项外，还可以通过非官方"代理机构"——以股份公司形式设立的认证办公室办理，具备专业资质、拥有专业技术人员的认证办公室当然会比投资方非专业的自行申请更省时省力，投资方则需要支付一定的费用。

新《投资法》第22条第1款规定，投资申请人或其代理人可委托由总局批准的认证办公室对为获得投资项目设立、经营和扩大所必需的批准文件、许可证书和营业执照而提交的专门文件进行检查，以确定申请人在满足技术要求、所需资金和其他由本法和特定法律规定针对批准文件、许可证书和营业执照合规等方面是否符合要求。

认证办公室要想获得总局的批准，取得营业执照，须满足以下条件：

（1）设立认证办公室的申请人须为股份公司，其经营范围须限定在认证办公室执业范围内；

（2）须用总局审核过的专门就此事项的表格，执业申请须提交到认证办公室常设委员会；申请上要有公司法人或其代理人的签字及公司印章，同时附有总局审核过的专门就此事项表格上所要求的所有文件；

（3）认证办公室需有具备专业技能的雇员，其资格和经验与办公室所发放认证证书要求的专业相匹配；专业技能雇员对上述提到的专业有不少于10年的工作经验；

（4）认证办公室应具备其开展发放认证证书业务的物质要件，主要指测试或实验场地及设施设备；

（5）一份有效期一年，可续签同样或多个期限的、覆盖由认证办公室执业可能引起的风险及损害的保单，保险金额不少于 100 万埃及镑并须以总局名义投保于受埃及金融监管总局监管的、登记注册的任一保险公司，保险单保险范围覆盖认证办公室因执业活动引起的各种风险和损害赔偿，包括给授权其提供服务的授权人，以及第三人（在保险有效期内，不论该风险和损害是由认证办公室或履行工作期间的办公室隶属人员的过失、疏忽，还是不作为造成的）；

（6）须按表 6-1 分类交纳发放、更新营业执照的费用。

表 6-1　交纳发放、更新营业执照费用分类

种类	费用（埃及镑）
签发营业执照许可认证办公室发放单一认证证书，证书载明设立、建造、经营或扩大项目符合获得批准文件、许可证书或营业执照的条件	1 万
签发营业执照许可认证办公室发放两份认证证书，证书载明设立、建造、经营或扩大的两个项目符合获得批准文件、许可证书或营业执照的条件	1.5 万
超过两份	2 万

满足以上条件后，由总局设立的认证办公室常设委员会进行受理，确认其符合签发或更新营业执照所规定的条件和规范时上报总局执行局长，总局执行局长向认证办公室签发营业执照，有效期一年，在届满前一个月内申请延长。总局制作专门记录登记已批准的认证办公室同时将记录发送至各主管行政机关。

获准执业的认证办公室不得将营业执照转让给他人；一旦违反，认证办公室常设委员会须将此上报总局执行局长，执行局长可交由总局理事会将该营业执照予以吊销。

新《投资法》有关认证办公室的设立只是规定了公司形式为股份公司，并没有限定必须由埃及人从事该业务。那么外国具有专业资质的投资者也可以通过申请开办经营这样的认证办公室。中国对埃及投资截至 2017 年达到了 5.94 亿美元，工业项目投资约占 66%，这其中涉及项目设立、经营和扩大所

必需的批准文件、许可证书和营业执照的申请事项不会在少数，未来随着"一带一路"倡议的不断推进，对埃投资热潮或许会大涨长红，这对有志于投资埃及的专业技术人士也是一个潜在的发展机会。

二、认证证书

（一）认证办公室在从事其业务时遵守的职业操守和原则

（1）遵守有关法律、行政法规的规定；

（2）在检查文件、完成委托和出具认证上尽职尽责；

（3）避免利益冲突；

（4）保护涉及认证申请人的隐私及秘密；

（5）认证办公室可独立办公或与专门认证机构联合办公；

（6）根据不同事项程序按时完成对发放批准文件、许可证书或营业执照的必要审查；

（7）对开展审查工作的雇员进行培训；

（8）根据对此既定的技术条件和规范，遵循必要的技术方法审查材料以确定其合规性；

（9）配置一个记录所有递交到认证办公室的申请文件，以及审查、研究和显示有效期限等结论的数据库；

（10）对提交到认证办公室的所有申请公平对待；

（11）对服务收费有理有据；

（12）为雇员购买保险；

（13）对认证办公室雇员承担雇主责任；

（14）认证办公室或其雇员均不得以任何形式与总局，任何主管行政部门，或者任何与该认证办公室执业活动有关联的申请人订立劳动合同。

（二）认证证书发放

获准执业的认证办公室可依职权向投资者发放有效期为一年、一式三份的认证证书，其中载明根据特定法律法规规定该投资项目全部或部分程度满足获得批准文件，许可证书或营业执照的条件。一份交由投资者或其代理人、受托人；一份送达给总局投资者服务中心或其分支机构或者主管部门，随附发放该认证证书所依据的全部材料副本。

接受到证书的主管部门或其驻投资者服务中心代表，或者其他行政部门自证书提交之日起最迟10个工作日内可对上述证书提出异议。经过该期限未予答复的，视为接受投资者的申请并由总局执行局长对该申请签发批准。

如果投资者选择上文提到的官方途径，即通过投资者服务中心自行申请的话，主管机关在全部合规文件提交之日起60天内做出决定。由此对比来看，通过认证办公室出具认证证书的提交方式节省大量时间。

第七章 争议解决

第一节 复议委员会

新《投资法》在给予投资者的投资保障中规定行政机关做出处罚决定前都须给予投资者一定的自行改正期限，即便如此，实际运行中的情况复杂多变，一旦行政机关做出了某些行政决定违反投资原则让投资者受到不公正对待或者对投资者的权益造成侵害，那么投资者可选择多种救济方式。新《投资法》第82条规定了诉讼、协商、复议等。

我国行政复议法的复议机关，一般理解就是行政决定做出机关的上一级主管单位或该机关所在地政府，但埃及新《投资法》将总局设定为对"事"不对"人"的总复议机关，不论决定出自哪家行政许可机关，只要是依据新《投资法及其实施条例》做出的有关投资事项的行政决定，投资者都可以找总局进行复议。

一、复议委员会的组成

新《投资法实施条例》第129条规定：总局组建一个或多个委员会受理由总局或颁发批准文件、许可证书、营业执照的主管行政部门根据投资法，以及本条例做出的行政决定的复议。

复议委员会一般由一位首席委员和两位委员共计三人组成：

（1）某一司法机关一位顾问为首席委员；

（2）一位来自总局的代表作为委员；

（3）一位专家委员。

专家委员的选择来自专门的花名册，该花名册由总局制定，需注意的是专家委员的选择依据复议请求所要求专业领域且与之匹配的专家。复议委员会的组成形式、工作制度和职能秘书处由投资和国际合作部部长决定。

截至2018年10月，投资和国际合作部仅成立了一个复议委员会受理来自股份公司、有限合伙企业、有限责任公司和独资公司对总局所做出行政决定的复议。该复议委员会由五名成员组成：首席委员为内阁副总理，两名来自顾问级别的内阁官方人士，一名总局高级别官员，一名专家委员。该复议委员会设职能秘书处，有总局工作人员组成，负责委员会日常行政事务。委员会须在总局总部或其分支机构每月召开2次例会审理所受理的复议事项，或由首席委员随时召集。

二、复议申请及审理

复议申请人应在行政决定送达或知道该行政决定之日起15天内向复议委员会提起复议。

复议申请时应提交以下主要内容：

（1）申请人姓名、身份、住所地等；

（2）确定的申请复议的行政决定书及其做出日期、送达日期、送达方式；

（3）对复议案件的意见书，阐明依据；

（4）复议的支撑材料；

（5）交纳委员会受理复议费用的收据。

复议委员会受理后应通知申请人和相对人，要求作为相对人的有关行政机关提供复议委员会认为有必要的做出该行政决定所依据的事实、有关材料和被申请人的书面答复。复议委员会有权利用总局和其他行政机关各种专业知识和经验的资源。

复议委员会在完成听取各方陈述、意见之日起 30 天内对所申请复议事项做出理由充分的复议决定。该事项的复议决定书是一审终局，对各方具有约束力。委员会职能秘书处负责送达各方当事人。

在上述期限未予做出复议决定的视为维持行政机关决定。

这里需要注意两点：一是上文提到由投资和国际合作部刚成立的复议委员会的审理期限是 60 天，即复议委员会在完成听取各方陈述、意见之日起 60 天内对所申请复议事项做出理由充分的复议决定。虽然新《投资法》及其实施条例都规定为 30 天，但实践中还是依复议委员会的审理规则为准，千万不要因为过了 30 天没有做出复议决定就认为维持了行政机关的决定。二是复议一审终局。我国行政复议法规定，对属于人民法院受案范围的行政案件，公民、法人或者其他组织可以先向行政机关申请复议，对复议决定不服的，再向人民法院提起诉讼；也可以直接向人民法院提起诉讼。但是埃及新《投资法》规定的救济途径是"单项选择题"：一旦选择了走总局行政复议的途径，对复议决定不服的就很难再通过其他方式救济。从埃及上诉法院的目前受案范围看并没有涉及对行政复议上诉这一块，但是可以受理仲裁裁决。

第二节　投资争议解决部级委员会

投资争议解决部级委员会是一个部委级别的委员会，专门审理向其提交的投资者与国家之间或者与一方为某一政府部门、厅局机关或国有公司之间可能产生的纠纷。它的受理范围不是行政复议事项而是投资者与行政机关、国有企业甚至国家这种带"国"字号的一方之间产生的纠纷。比如行政机关扣押投资者财产、因行政机关不作为导致投资者的投资利益受损等。根据埃及投资和国际合作部最新统计，2017—2018 年投资争议解决部级委员会共收到 552 起申请，争议标的额达 7.35 亿美元。

投资争议解决部级委员会的组成由总理决定，这比复议委员会由投资和国际合作部部长决定高了一个级别。议会行政事务专门委员会选出的副议长作为该委员会委员之一，其余委员会委员由各部部长担任。

委员会召开的法定形式为委员长和至少半数非委托代表委员出席，委员会裁决以多数与会委员表决同意的方式通过，在票数相同的情况下，由委员长所在一方意见为主。

相关行政机关应按照委员会的要求提交必要的解释性说明和有关材料，一旦该部门为参与委员会的委员部门，则该涉事部门在涉及自身的案件意见交换中所投的一票不予计入。

委员会应在听取各方陈述或意见提交之日起 30 日内对所申请事项做出理由充分的裁决。

投资争议解决部级委员会的裁决具有强制执行力。依据新《投资法》第87条规定，投资争议解决部级委员会的裁决经内阁会议批准后具有强制执行效力，具有法院执行书效力，各相关行政机关必须遵守。拒不执行该裁决书的，则按《刑法》123 条关于拒不执行民事判决罪追究刑事责任。

第三节　投资合同争议解决部级委员会

投资合同争议解决部级委员会，它和第二节讲到的投资争议解决部级委员会最大的区别就是受理范围为投资合同。为了更好地分清这两个部级委员会的区别，我们可以简单理解成投资争议解决部级委员会是解决投资者与国家之间的侵权纠纷，而投资合同争议解决部级委员会是解决投资者与国家之间的合同纠纷。

它的组成形式、委员遴选、与会方式、裁决方式与投资争议解决部级委员会大致相同，最大的区别就在于根据合同"纸上谈兵"。

委员会有权调查和研究解决产生于投资合同各方之间的分歧，为实现解决争议的目的，经合同各方同意可采取必要的解决方式来化解争议合同的不平衡问题，例如延长合同约定期。同时，委员会在必要时重新制作应收账款明细表、纠正缔约前行为，根据不同个案情形最大可能地实现合同平衡，保障达到最佳的经济状态保持总体财政运行，保障投资者的权利。同样，该委员会的裁决经内阁批准后也具有强制执行力，各相关行政机关必须遵守。

第四节　友好方式解决争议及设立仲裁调解中心

一、友好方式解决争议

与友好方式相对的就是针锋相对、剑拔弩张的法庭审理，新《投资法》给予了投资者前所未有的投资保障和投资鼓励，张开臂膀欢迎四方投资者，自然不会在出现争议的时候一上来就横眉冷对、冷酷无情，这与新《投资法》自始至终秉持的投资目的和原则是相悖的。同时新《投资法》的制定者们很真诚地把埃及能够解决争议的"底牌队伍"都交代给投资者：总局复议委员会、投资争议解决部级委员会、投资合同争议解决部级委员会。埃及的智囊团、精英绝大多数集中在这里，很多委员会成员就是部长，如果直管部门领导都解决不了纠纷，即便走诉讼、仲裁渠道，在判决、裁决执行的时候还得找到这些部长们，不走"岔路"，直接诉诸以上委员会，通过友好方式解决争议是真诚可行的救济方式，这也比较符合目前埃及吸引外资助力国家复兴之路的大局。

同时，新《投资法》在通过友好方式解决争议上给出了"有约定从约定，无约定走仲裁"的规定。选择通过友好协商、约定通过投资合同争议解决部级委员会这样的非诉讼途径或者依照1994年27号《仲裁法》有关民商事条款的规定进行仲裁。同时，在争议的任何时间内双方都可以根据争议解决通行的规则来约定寻求各种纠纷解决方式，其中包括诉诸于临时仲裁和机构仲裁。

二、设立仲裁调解中心

新《投资法》第 91 条规定：设立一个名为"埃及仲裁调解中心"的具备法人资格的独立仲裁调解中心，总部在开罗省。中心受理可能产生于投资者之间、投资者与国家或与某一政府公共部门或与私人之间的投资纠纷。如果各方在解决争议的任何阶段约定通过仲裁或调解的方式提交仲裁调解中心解决，则各方应以规定仲裁和解决争议条款的特定埃及法律为准据法。

截至本书成稿时，该仲裁调解中心还未有正式挂牌的消息，目前，埃及唯一的国际仲裁机构就是 1979 年成立的"开罗地区国际商事仲裁中心"（Cairo Regional Centre for International Commercial Arbitration，CRCICA）。

CRCICA 是一家独立预算的非营利国际组织，自设立后严格遵循联合国国际贸易法委员会仲裁规则（UNCITRAL），受理非洲及中东等地区仲裁案。该中心董事会由来自包括中国在内的 12 个国家的 25 位代表组成，咨询委员会由来自 7 个国家的 16 位知名专家组成，仲裁案中选任的主裁员均为中立国籍。2017 年，除埃及外，该中心还受理了来自沙特阿拉伯、阿联酋、西班牙等国的仲裁案。

附 录

附录1　2017年72号《投资法》

第一章　总则

第一节　定义

第1条

为贯彻实施本法，特定义下列贯穿全文的术语和表达：

投资：利用资金兴建、扩大或发展投资项目，或对投资项目进行融资、收购或管理，以此实现国家全面可持续的发展的行为。

投资者：根据本法规定在阿拉伯埃及共和国从事投资的任何自然人或法人，不论是埃及人还是外国人，也不论存在怎样的受其管制的法律制度。

投资项目：在工业、农业、商业、教育、健康、运输、旅游、房地产、工程、建设、体育、电力、能源、自然资源、通信和科技行业或领域开展的一种投资性活动。

投资事务主管部长应根据国家经济发展方针与一个或多个相关部委包括其他行业部门进行协调，本法实施条例就开展此类投资性活动的条件、区域和细则予以说明。

特别鼓励：规定在本法第11条的鼓励措施。

资金：进入投资项目的各种类型的资产，不论之前是何种类型或者将来是否有实质价值，同样不论是现金形式、实物形式或是无形资产形式，特别包括以下几种：

（1）固定资金和流动资金，以及任何原始物权或其他附属权利；

（2）成立公司的股份和出资额，以及非政府债券；

（3）知识产权，以及建立和扩大项目利用的精神权利，例如在加入世界知识产权组织的某一国家登记注册的专利权、商标和字号或者依据在知识产权问题上生效的国际条约中包含的国际注册原则。

（4）根据法定义务或类似性质的法律规定获许的特权或公共设施合同，同样包括依据本法给予的其他各种类似的权利。

最高委员会：最高投资委员会。

主管部长：主管投资事务的部长。

主管部委：主管投资事务的部委。

总局：投资和自由贸易区总局。

国内投资：一种投资制度并通过它依据本法在非自由贸易区设立、建设或运营投资项目。

自由贸易区：本土内划定范围的采用特殊海关和税收规定的一个区域并受该区域管理机关管辖。

投资性园区：有确定界限和面积范围的一个地理区域，专门用于从事一个或多个指定的专业性投资活动或其他与其有互补性的活动，由开发商发展该地区并负责其基础设施建设。

开发商：依据本法专门建设、管理、升级和发展投资区域的任何法人。

有关部门：与颁发批准文件，许可证书或营业执照有关的各行政机关或公共设施公司。

投资者服务中心：由总局设立的一个行政单位包括其某一分支机构，负责贯彻执行在本法规定期限内针对投资者为其投资项目获得各种必要的批准文件，许可证书或营业执照程序上的便利化，包括提供为实现程序便利化所需的数据和信息。

有关部门代表：为在总局或其分支机构的投资者服务中心这一系统下开展工作，有关行政部门委派的或者公共设施公司委托的负责人。根据本法规定将有关部门权力转移到投资者服务中心，依据特定法律规定的技术性要求和总局发布的投资程序指引发放批准文件、许可证书或营业执照。为此，专门负责不动产的，以及发放必要批准文件、许可证书或营业执照的有关权力当局在其各种法定职权范围中简化和便利对投资者的工作内容，鼓励和发展投资。

有关权力当局：依据不同情形，指部长、省长、总局（局）局长及其理事会、公共设施公司理事会主席或其理事会等。

认证办公室：总局专设的，通过对投资项目手续和专门文件的检查发放批准文件、许可证书或营业执照并出具认证证书的办公室。

第二节 投资目标和原则

第 2 条

在阿拉伯埃及共和国的投资旨在提升国家经济增长率、增加国内生产总值比率、提供就业机会、鼓励出口、增强竞争，实现全面、可持续的发展。

各有关国家机关致力于吸引和鼓励国内外的投资。

投资原则规定如下：

（1）投资机会平等，不论项目规模大小、项目地点一律平等对待，不因国籍而受到歧视；

（2）国家支持新兴公司，增加能够使青年和年轻投资者可以从事的中小微型业务和项目；

（3）兼顾具有社会层面、环境保护和公共健康属性的各个方面；

（4）自由竞争，禁止垄断行为，以及保护消费者；

（5）奉行治理原则、透明原则和审慎管理原则，避免利益冲突；

（6）致力于稳定和完善投资政策；

（7）及时办结投资者往来业务为投资者实现合法权益提供便利化；

（8）国家有权维护国民安全和公众利益。

上述投资原则在各自责任范围内适用于投资者和国家。

第二章　投资保障和鼓励

第一节　投资保障

第3条

在埃及从事的投资活动一律公平公正对待。

保证外国投资者享有国民待遇。

此外根据互惠原则，经内阁决定给予外国投资者特殊优惠待遇。

投资者资金不受任何歧视性决定或非强制性程序的制约。

给予外国投资者在投资项目期间的居住许可，同时不违反对该许可相关审批管理的法律规定，此款由本法实施条例做出解释。

守约践诺。依照本法规定通过虚构、欺诈、腐败建立的投资项目不能享受本法规定的投资保护、保障、优惠，以及减免措施，依据有关司法机关做出的司法判决或仲裁裁决认定上述各种行为。

因涉及投资项目做出的各种决定应符合本法规定并告知相对人，此款由本法实施条例规定细则。

第4条

不得对投资项目实行国有化。

除出于公共利益且无延迟地预先支付合理补偿外，不得剥夺投资项目财产的所有权。合理补偿价值为发出剥夺财产所有权决定前一天该财产的合理经济价值，补偿款可不受限制地汇出。

不得以行政手段对投资项目进行扣押，除依据最终司法判决外不得对投资项目进行扣押。除依据司法判决或决定外也不得对投资项目进行留置。对投资项目的扣押、留置仅在法律规定情形下进行。

除依据司法决定或最终判决外不得扣留、没收、冻结投资项目资金，欠缴税款、国家扣缴的应缴社会保险除外。同时不违反国家或公共法人与投资人所达成的协议内容。

除非征得总局行政会议意见并经内阁和最高投资委员会批准后，任何行政机关不得对涉及依本法设立和经营的投资项目做出增加资金负担和加重程序负荷的一般性调整性决定，或对投资项目强行收取服务报酬或税费，或对该种报酬或税费进行调整。

第 5 条

除非经对因归咎投资者原因违反规定的警告、听证并且给投资者适当宽限时间消除构成违规事由后，行政机关不得撤销或暂停颁发给投资项目的许可证书或收回被专门用于投资项目的不动产。

任何情况下在做出前款所述决定前须征询总局意见，总局应在收到征询申请后 7 日内依照法定程序做出回复意见。

投资者有权向依本法第 83 条成立的委员会就上述决定进行复议。

本法实施条例对本条的执行制定原则和规范。

第 6 条

投资者有权设立、建造和扩大投资项目，有权以外汇形式将项目资金不受限制地从境外汇入，同时有权对项目资金进行占有、管理、使用和处置，有权获得项目资金利润并将其汇往境外，有权对项目进行清算并在不侵犯第三方权益的情况下将清算分配金部分或全部汇往境外。

国家准许用易于自由汇兑的货币将与外国投资关联的所有货币资金自由地、无延迟地汇往货币母国或他国，同时国家准许将本币无延迟地兑换成易于自由使用的货币。

在清算情况下，有关行政机关须在清算组提交附必备单据的清算申请之日起最长 120 天内以书面形式告知清算中的公司其所应履行的义务并通知总局。经过这一期间未书面告知该义务免除清算中公司的责任，同时这种免除不违反追究发布与事实不符声明的责任人或造成上述期限未予答复申请过错人的行政与刑事责任。

上述各款由本法实施条例确定细则。

第7条

在不违反有关进口的法律、法规和部门规章的情况下，受本法调整的投资项目无须进行进口商登记，可自理或通过第三方进口项目设立、扩大和经营所需的原材料、生产资料、机械、零部件和实际用途的运输工具。

受本法调整的项目也无需许可证书和进行出口商登记，可自理或通过代理出口其产品。

依照本条不论是自理还是通过代理从事进出口业务的投资项目应以记载实际进出口种类和数量的季报形式向总局备案。

第8条

投资项目可以雇佣不超过项目员工总数10%的外籍员工；在不具备雇佣有必要资质本土员工的条件下，可以增加雇佣外籍员工比例到不超过项目员工总数的20%。执行此款的原则和规范由本法实施条例做出说明。

对一些由最高投资委员会决议确定并公布的特别重大的战略性项目在兼顾本土员工培训的条件下可不受上述雇佣外籍员工比例的限制。

投资项目的外籍员工可将部分或全部应得报酬汇往境外。

第二节　投资鼓励

一、一般性鼓励

第9条

除依据自由贸易区制度设立的项目外，受本法调整的各种投资项目享有本节规定的一般性鼓励。

第10条

公司或企业自商业登记之日起5年内免除其组建合同、与业务有关的信贷、抵押合同的印花税和公证、认证费。

同时，免除公司或企业设立所必需的土地登记合同的上述税费。

公司或企业执行1986年186号《海关豁免法》第4条规定，对其建立所必需的各种进口机械、设备和仪器统一按照货值的2%征收关税。

同时，对从事公共设施项目的公司或企业，对其项目建立和完成所必需的各种进口机械、设备和仪器也执行此统一税率。

在不违反1963年66号《海关法》临时放行规定的情况下，受本法调整的工业性质的投资项目进口模具或其他带有类似属性的生产工具，旨在暂时利用其制造产品后回运境外的，免征关税。

根据收到的单据放行或回运境外，进口单据须在总局登记并记录回运目的，此款与财政部协商执行。

二、特别鼓励

第11条

本法生效后根据投资路线图设立的投资项目享有从应税纯利中获得投资折扣的鼓励，具体规定如下：

对甲类投资成本50%的折扣：

包括根据投资路线图、公共动员和统计总局发布的统计数据制定的，以及由本法实施条例解释的对投资活动配置中亟须发展的地理区域。

对乙类投资成本30%的折扣：

包括根据投资活动配置，在国内其他地区中从事以下投资项目：

（1）劳动密集型项目，此款由本法实施条例制定规范；

（2）中小型项目；

（3）制造和依赖新能源和可再生能源的项目；

（4）由最高投资委员会决议确定的国家级和战略性项目；

（5）由最高投资委员会决议确定的旅游产业项目；

（6）依据主管部长、与电力事务有关的部长和财政部长共同提交的报告由总理决定确定的发电和配电项目；

（7）产品出口到阿拉伯埃及共和国境外的项目；

（8）汽车及相关配套产业；

（9）木材加工、家具制造、包装、印刷及化工行业；

（10）生产抗生素、抗肿瘤药物及美容化妆品行业；

（11）食品、农产品及农业残留物回收行业；

（12）工程设计、冶金、纺织及皮革加工行业。

在任何情况下，投资鼓励不得超过到开始从事活动之日前实缴资本的80%，该款依照2005年91号《所得税法》规定执行。

折扣期自开始从事活动之日起也不超过7年。

总理依据主管部长、财政部长和有关部长共同提交的报告确定上述甲类、乙类投资活动配置的子行业。

本法实施条例对投资成本含义、甲类和乙类投资地理区域、享受特别鼓励的条件和规范，以及将其载入到包含子项投资活动在内的即将做出的上述总理决定予以解释。

其他新型活动是否享有特别鼓励由最高投资委员会做出决定。

第12条

享有本法第11条规定的特别鼓励的投资项目应满足下列条件：

（1）从事投资项目的新建公司或企业；

（2）本法实施条例生效前三年内成立的公司或企业，经主管部长上报内阁决定可延长此期限一次；

（3）公司或企业定期计账，如果公司或企业在多地经营，每个地方有独立账目则每地都享有已规定的折扣比例；

（4）在本法生效时任何已提供、入股或使用公司或企业物资用于设立、组建或举办享受鼓励的投资项目的股东、合伙人或业主，或本条第（2）款期间处在清算中的该公司或企业旨在新建享受上述特别鼓励的公司或企业的予以排除。因违反此款导致享受上述鼓励撤销的，公司或企业应支付全部应缴税款。

三、额外鼓励

第 13 条

在不违反本节中规定的鼓励、优惠和免除条款情况下，内阁决议可对本法第 11 条规定的项目给予额外鼓励，具体如下：

经与财政部长商定后可针对进出口的投资项目设立特殊海关窗口。

投资项目开展经营后，投资者支付的、连接在投资项目所划分不动产的全部或部分公用设施的费用由国家承担。

国家承担部分针对员工的技术培训费用。

用于工业项目的特定土地，在交付后两年内项目开始生产的，其一半的价金由国家返还。

针对部分战略性投资活动，依据有关既定法律无偿划拨土地。

同时在有需要的情况下，依主管部长上报经内阁决议可新设其他非税鼓励措施。

实施条例对本条许可所确定的额外鼓励的原则、规范和条件进行说明。

第 14 条

总局专设执行局长或授权专人为受本法调整的公司和企业颁发其享受本法第 10、第 11、第 13 条规定鼓励措施的必要证照。

该证照是最终权威证照，无须征得其他机关部门同意自动生效，各机关部门应依该证照所载内容行事。

第三节 投资者的社会责任

第 15 条

为实现全面的可持续的发展目标得从投资者年利润中划出一定比例来，用这笔资金建立投资项目之外的社会发展制度，通过投资者共同参与的方式在以下全部或部分领域：

（1）采取必要措施保护和改善环境；

（2）在医疗保健、社会保障、文化关怀或其他任何发展领域付出劳动或献言献策；

（3）通过与大学或科研机构签订协议的方式来支持技术教育或者资助旨在发展和改进生产力的研究、学习和宣传活动；

（4）培训和科研。

投资者在前款所述任一领域所花费的金额为不超过年度纯利润的10%，依照2005年91号《所得税法》第23条第8款规定作为成本和开支予以扣除。

主管部长应与有关部委就建立从事社会发展的最佳投资项目清单展开协商，不论其是涉及地域、行业还是其他方面。

任何情况下禁止利用针对用于社会责任制度的项目、程序或服务来实现政治的、党派的、宗教的，以及涉及公民歧视政策的目的。

本法实施条例对贯彻社会责任制度所应遵守的其他原则和规范做出说明。

第三章 投资制度

第一节 国内投资制度

总则

一、投资方针和政策

第16条

有关部委提出投资方针的建议并由最高投资委员会最后决定。方针包括投资政策的制定和实施、旨在与国家公共政策、经济和社会发展方针相一致的优先发展的投资项目，以及可实行的投资制度。

二、投资路线图

第17条

投资方针包括规定投资类型、制度，地理区域和行业部门，以及划定国有不动产和可用于投资的公共法人的不动产及其依据不同投资制度对不动产处置策略和方式在内的路线图。

总局就投资路线图项目与各有关国家机关进行全面合作和协调。

投资方针及投资路线图应至少每三年复审一次或在有需要的时候依总局

提议复审。

第 18 条

在获得投资服务时，应遵守本法规定的程序和时间，该规定不与适用其他实体法或程序法在许可投资人获得批准文件，许可证书或营业执照比本法或本法实施条例用更简易程序或更短时间。

第 19 条

本法生效之日起 90 天内经与有关部门协调后总局公布包括划拨不动产的条件、程序、期限，以及涉及受本法调整投资活动的批准文件、许可证书及营业执照颁发事宜的指南。该指南通过总局网站和以各种印刷出版物形式或其他方式发布。

总局应复审和定期更新该指南，在有需要的时候按照国家现行立法形式进行修改。

本法生效之日起最长 60 天内各部门提供给总局各种必要的数据资料、文件单据或模式模型以起草该指南。

本法实施条例确定该项筹划事务的必要规范。

第 20 条

经内阁决议可颁发给从事战略性项目、促进实现发展的国家级项目或私营部门与国家、公共部门及公共事务部门共同参与的在公共设施建设、基础设施建设、新能源或可再生能源、道路、运输和港口建设等活动项目的公司含有建筑许可、不动产划拨在内的项目设立、经营和管理的单一批准文件，该批准文件无须经任何其他程序自动生效。

该批准文件效力可包含有一个或更多本法所载的对项目的鼓励措施，本法实施条例对获得该批准文件的条件和程序予以说明。

三、投资者服务中心

第 21 条

在总局和其分支机构设立旨在简化和便捷投资程序的行政部门，命名为投资者服务中心。

投资者服务中心（以下简称"中心"）承担着为下面事项提供服务的职责：公司组建和其分支机构设立、审批董事会和股东大会会议记录、增资、变更经营范围、清算和其他与公司有关的问题。

同时，中心负责接受投资者申请，适用相应的法律法规在本法规定的期限内发放设立和管理投资项目的批准文件、许可证书、不动产划拨凭证和各种必需的证照。

依据实施条例所规定的，利用互联网或其他必要的技术手段在可能的最快时间内以自动化的方式逐步转变中心的服务。

根据特定法律各有关部门代表进驻中心，有关部门代表在投资者服务中心工作期间受总局监督并遵守由总局理事会为调配中心工作而制定的原则和规范。

作为其他法律规定的一个例外，依照本法规定视为将主管机关发放批准文件、许可证书和营业执照的权力，按照特定法律对其所规范的技术要求和总局发布的投资程序指南赋予进驻中心的各有关机关代表；同样，依照本法规定视为将对投资者和投资活动在划拨不动产及颁发必要的批准文件、许可证书和营业执照的主管机关职权赋予相应的各有关机关进驻中心的代表。

政府部门和公共设施公司进驻投资者服务中心事宜由总局理事会确定，总局执行局长负责与上述部门和单位就进驻中心初始代表人员和储备人员的必要数量及他们在投资者服务中心可履行职责范围的职位级别进行协调。同时，实施条例对上述人员遴选规范和人员进驻中心方式予以说明。

除下条（第22条）规定的认证证照外，投资服务中心代表或行政机关负责人，应在申请文件提交后两个工作日内要求补全获得批准文件、许可证书和营业执照的必要材料，否则经过上述期限后视为材料齐全，不得要求投资人提交任何其他材料。

在任何情况下，投资者有权通过认证办公室实现开展投资项目所必需履行的技术要求、其他合规要求，以及程序，或直接诉诸于主管机关或通过其在投资者服务中心的代表。

四、认证办公室

第22条

投资申请人或其代理人可委托由总局批准的认证办公室对为获得投资项目设立、经营和扩大所必需的批准文件、许可证书和营业执照而提交的专门文件进行检查，以确定申请人在满足技术要求、所需资金和其他由本法和特定法律规定针对批准文件、许可证书和营业执照合规要求等方面是否符合。

认证办公室在从事其业务时遵守由实施条例确定的职业操守，特别是以下原则：

（1）遵守有关法律、行政法规的规定；

（2）在检查文件、完成委托和出具认证上尽职尽责；

（3）避免利益冲突；

（4）保护涉及认证申请人的隐私及秘密；

（5）认证办公室可独立办公或与专门认证机构联合办公；

（6）本法实施条例对认证办公室的法定形式予以确定。

根据本法实施条例规定的条件、原则和程序签发给认证办公室具备与其所从事业务必要经验的许可证书，其中包括为弥补认证办公室执业中引发的风险和损害购买的年度保险和其提供服务的收费依据。

总局制作专门记录登记已批准的认证办公室同时将记录发送至各主管行政机关。

对签发认证办公室的营业执照合理收费，收费不得超过2万埃及镑，收费种类由实施条例确定。营业执照年度更新，更新费用适用发放营业执照的标准。

认证办公室依职责可向投资者出具有效期为一年的认证证书，书面告知投资项目是否符合适用特定法律法规发放批准文件、许可证书和营业执照的全部和部分条件，同时须将证书副本用本法实施条例解释的方法发送给主管机关。证书自发放之日起经过一年失效。

接受到证书的主管部门或其驻投资者服务中心代表，或者其他行政部门自证书提交之日起最迟10个工作日内可对上述证书提出异议。经过该期限未予答复的，视为接受投资者的申请并由总局执行局长对该申请签发批准，此行政行为规定在本法第25条。

该证书作为官方法律文件纳入刑法调整范围。

总局注册登记的认证办公室造成发放违背事实证书的或违反本法第25条规定原则的，应使用缴纳的保费向权利人支付保险金，经总局理事会决定吊销其发证许可，为期不超过三年，在屡次违反的情况下从登记簿中永久吊销。视情节不与承担民事或刑事责任冲突。

本法实施条例对各种情形予以说明。

第23条

投资者须向总局或提供投资服务的部门支付各种税费和法定的强制性收费。

总局有权就其提供的实际服务向投资者收取费用，总局理事会做出决议确定收费类别、原则、条件和收取的特定程序。

第24条

对附带有任一认证办公室出具认证证书的申请做出决定时不得违反法定时限。各主管机关负责审核通过投资者服务中心提交的投资申请；同时确定是否符合本法明确的，接受申请的必要条件。对申请做出决定的期限不得超过自提交全部申请文件之日起60天，如经过这一期限未对申请做出决定，视为接受投资者申请并由总局执行局长按照本法第25条规定的方式签发批准文件。

无论批准或拒绝申请人的申请，在任何情况下都应该在经过本条第1款所规定期限后7日内出具书面决定，以能获取签收信息的挂号信形式告知申请人。

相对人对被拒绝决定可通过本法第83条所规定的复议委员会进行复议。

第25条

总局执行局长有权以两种为此准备的格式函签发本法第22和第24条规定的批准文件。本法实施条例对此予以解释。

第26条

在国家经济发展方针框架下或为完成投资路线图，总局可在划拨专门用于投资的地块给投资者之前发放给投资者在该地块上开展业务必需的批准文件、许可证书或营业执照。这种情况下在完成划拨土地程序期间，总局收取投资者应缴纳给发放批准文件、许可证书或营业执照的各同级行政机关的税费及其他财政收费。依照本法实施条例确定的程序和原则各同级行政机关应遵守许可此种批准文件、许可证书或营业执照程序的便利化。

第27条

各有关部门的工作人员在执行本法时遵守本法和本法实施条例规定的宗旨、原则、程序和细则。

便捷投资者办事程序、使投资者实现合法权益是衡量工作人员表现的基本指标，也是作为明确工作人员职责的方法之一。

第二节 投资性园区的投资制度

第28条

根据总局理事会建议，由主管及有关部长提交，经总理决定可在不同投资领域建立各专门投资性园区，其中包括物流园区、农业园、工业区等。决定中除了规定与可从事园区活动有关的一般性条件外，还包括建立园区的地点及坐标，园区内可从事活动的性质，以及建立园区所经必要程序等。

承担投资性园区事务的开发商应采取必要措施根据许可证照规定的履行时间进度建设园区，除非所许可内容无效。

经总局理事会批准，由总理或其授权人决定就开发商提交的正当理由批准一个额外延长期。

投资性园区内的公共项目适用本法第一、二章的规定，但不得与园区投资政策的本质属性相抵触。

同时，园区适用海关临时放行的特别规则和特定法律、法规及决议中有关退税的规定。

经主管部长提出，总理可决定增加其他活动。

第29条

每个投资性园区均可设立理事会。根据园区类型和专属特性经与相关部长达成一致后由主管部长做出理事会组成形式的决定。

园区理事会专门制定园区工作方针及开展业务活动必要的规范和标准，此方针、规范及标准须经总局理事会批准。园区理事会有权特批在园区范围内举办投资项目，同时须按照实施条例所规定的内容每季度向总局提交报告并发送理事会会议记录到总局审核。

园区理事会有权批准私人公司发展、管理园区，以及为园区招商。

理事会成员应公示其所有财产，年度公示及年度审计由独立第三方完成以确定无违法行为或者无实际的或潜在的利益冲突，该审计报告应通过主管部长呈递到最高投资委员会。

第30条

投资性园区可设一个纳入总局工作人员的执行办公室，此须经主管部长批准并由总局执行局长发布决定组建。执行办公室经授权对园区理事会的决议负责，包括理事会所特批的必要的批准文件、许可证书和营业执照，以及后续理事会决议的执行和园区范围内项目开工建设许可证的颁发。

投资者应将执行办公室提供的各项实际服务费用支付给总局，所提供的各项服务费用不超过投资成本的千分之一，本法实施条例对此予以说明。

第31条

园区理事会主席，除了理事会授权事项外，还有权批准投资性园区内从事投资活动的项目许可证书。

许可证书应包含获准许可的目的、有效期等内容。除非经投资性园区理事会批准不得全部或部分转让许可证。对于拒绝批准许可证书或不予批准证书转让的决定，当事人可向本法第 83 条规定的复议委员会进行复议。

除非投资人有其他要求，在通过与各国家机关办理项目审批、获得项目便利化、享受优惠和获得项目豁免时无须在产业登记簿中登记，该许可证书具有同等法律效力。同时为了清查的目的，证书副本须交主管机关备案。除经总局批准外，其他任何行政部门不得以任何手段干预投资性园区及园区内开展的项目。

园区内被许可人仅在许可证注明的使用范围内享有本法规定的保障、鼓励和优惠政策。

第三节 科技园区的投资制度

第 32 条

根据总局理事会提议并经与通信和信息技术事务有关部长的请求，总理可批准在通信领域和信息技术产业领域建立科技园区，其中涵盖制造业、电子设计和开发、数据中心、服务外包、软件开发、科技教育等其他与通信和信息技术关联或互补的活动项目，本法实施条例对此予以说明。

经主管部长和与通信和信息技术事务有关部长共同提起，由总理决定可增加其他活动项目。

依据实施条例规定的条件和程序，对经批准在科技园区内从事的各种类型活动项目所必需的一切工具、装备和机器免征关税及其他各项税。

根据从事的不同行业，在科技园区内举办的项目享有本法第 11 条规定的特别鼓励政策。

每个科技园区均设立理事会，理事会的组成形式由经与主管园区部长达成一致后，主管通信和信息技术事务的部长决定。园区理事会有权制定在园区内开展项目活动必需的规章和标准，同时有权批准此种项目的建立。

理事会成员应公示其所有财产，年度公示及年度审计由独立第三方完成以确定无违法行为或者无实际的或潜在的利益冲突，该审计报告应通过主管部长呈递到最高投资委员会。

采用科技园区政策的投资适用本法第一、二章的规定，但不得与该政策的本质属性相抵触。

本法实施条例对园区的要求、区内工作制度及园区管理方式进行说明。

第四节　自由贸易区的投资制度

第 33 条

依法可建立包括整个城市在内的自由贸易区。

经总局理事会同意后由主管部长提交，内阁可决定设立从事获许项目的公共自由贸易区，即不论其项目形式，主要为向国外出口的自由贸易区。发布设立自由贸易区的决定应包括其所在位置及范围。

公共自由贸易区由理事会管理，理事会的组成及主席的任命经由主管部长批准后、总局执行局长决定。理事会成员应公示其所有财产，年度公示及年度审计由独立第三方完成以确定无违法行为或者无实际的或潜在的利益冲突，该审计报告应通过主管部长呈递到最高投资委员会。

在贯彻执行本法、本法实施条例，以及总局发布的决定同时，公共自由贸易区理事会专管提出自由贸易区管理所必需的规章制度的建议，并征得总局理事会批准。

同时，经由主管部长提议，内阁可决定设立限定在一个项目或多个相似活动项目的私人自由贸易区。实施条例对包括确保私人自由贸易区正常运作和治理在内的其他运行条件予以规定。

第 34 条

不得违反 2010 年 133 号法律关于在自由贸易区制度下从事石油冶炼项目须获得许可证的规定。尊重本法生效时在现有自由贸易区制度下已获得开展项目许可公司的法律地位。自由贸易区制度下不得许可在以下领域开展项目：石油加工、化肥制造、制铁炼钢、天然气生产液化和运输、最高能源委员会决议确定的能源密集型产业、酿酒及酒精性原料生产和武器弹药爆炸物及其他与国家安全有关的制造行业。

第 35 条

与本法第 10 条第 1 款规定不冲突，根据总局理事会经与埃及税务机关和海关协调后决议颁布的规则在自由贸易区投资的所有项目受海关监管和税收征缴。

自由贸易区理事会应将在区内举办的工业生产项目的各种数据备案到工业领域相关部长指定的部门。经与工业领域相关部长达成一致后主管部长制定对工业生产项目活动的直管规章，尤其是对区内项目所应遵守的出口比例的规定。

第 36 条

遵守 1992 年 95 号《资本市场法》2003 年 88 号《中央银行及银行钱庄机构法》，以及 2009 年 10 号《对非银行金融工具和市场监管调整法》的规定。公共自由贸易区理事会对公共区内举办的项目有最终批准权；私人自由贸易区对其地理范围内的项目同样适用。理事会主席有权对从事的项目活动签发许可证书。

许可证书应包含获准许可的目的、有效期限，以及由被许可人支付的、不超过投资成本 2% 的保证金的数额和类型。这一比例由本法实施条例予以规定。除非经区理事会批准不得全部或部分转让许可证。

区内获批项目仅在许可证说明的使用范围内享有本法规定的豁免及优惠政策。除非项目主动要求，在通过与各国家机关办理申请为项目做出行政行为、适用便利化程序和享受优惠时，无须在产业登记簿中登记，该许可证书具有同等法律效力。同时为清查和统计的目的，证书副本须交主管机关备案。

第 37 条

依照本法实施条例解释的原则与规定，执行公共自由贸易区制度而划拨给项目举办的必要不动产采用颁发用益物权证书制度。

投资者应在通知其举办项目获批、为实施项目而接收土地之日起 30 日内到区行政部门签订使用协议并支付所确定的价款。

按照使用协议所达成的条款，如投资者在通知其接收土地之日起 90 天内怠于在实施项目上采取行动则吊销该项目的许可证书。如投资者或其代理人提出并由自由贸易区理事会评估为正当理由的可将上述期限延长一次。

本法实施条例对执行本条必要的规章和程序予以说明。

第 38 条

当项目注销或颁发的许可证书被吊销时，投资者应将划拨给其的土地恢复原状后交还给区管理部门。如有建筑、设施或其他地上附着物，在区理事会规定的期限内自行予以清除，该期限自以能获取签收信息的挂号信方式下达投资者之日起不得超过 6 个月。

如果在此期限内投资者未予清理，则区理事会做出决定以行政手段取回土地，包括地上建筑和设施。如该处仍有其他地上附着物，则区管理部门和海关进行清查、盘存，同时将该资产交由海关暂存或依海关法关于弃货处理规定予以变卖，变卖所得在扣除应支付总局的款项和所欠政府的款项之后存入总局为投资者所开设的账户。本法实施条例对此做出说明。

适用本条规定的应支付总局的款项视为继诉讼费用之后的享有优先受偿权的债务并收归国库。

第 39 条

遵守法律法规关于禁止某些产品和原料流通的规定，自由贸易区内产品出口到国外的项目或使用国外进口产品来开展业务活动的项目，其出口产品或进口的国外产品不适用进出口的专门规则，也不受专门有关进出口的海关程序限制。同时，免征关税、免缴增值税和其他税费。

自由贸易区内的生产型项目需要从国内市场采购生产资料到区内的，须根据有关对外贸易事务部长经与主管部长和财政部长达成一致后的决定所发布的规则执行。

除乘用型小汽车外，自由贸易区内现有的各种类型的获准项目为开展业务活动需要的一切工具、装备、机器，以及各种形式的必要运输工具免征关税、免缴增值税和其他税费。如所从事业务活动性质的需要或有必要暂时出离自由贸易区进入到内地并从内地返回到区内的，依据由内阁就主管部长和财政部长提议而颁布的决议所规定的情形、保证措施、条件和程序，其工具、装备和机器也同样适用上述税费免除。

从自由贸易区卸载货物和货物送达到自由贸易区（或其相反情形）期间货物运输及安全由本法实施条例予以说明。

总局准许项目方或第三方所有的国内或国外的商品、材料、零部件、原料等为维修或进行来料加工从内地临时进入到自由贸易区并返回到内地的不适用进口规则。本法实施条例对此进行说明。

根据《海关法》规定，对维修费用征收关税。

第 40 条

从自由贸易区进口到内地适用从国外进口的一般规则。

作为例外情形，自由贸易区内由项目运行而产生的物料、废料和尾料在需要进入内地进行处置或回收时可根据 1994 年 4 号《环境法》规定的以安全的方式方法进入，费用须由当事人承担。

适用上述《环境法》关于禁止从国外进口危险废物废料的规定。

从自由贸易区进口到国内市场的产品视同从国外进口，须缴纳关税。

对于自由贸易区项目的出口产品，产品中既包含国内成分又含有国外成分的，关税的征缴将以产品从自由贸易区出口时其国外成分的通行价格征税，此应征关税不得超过从国外进口成品的应税额。

国外成分为进口零部件和原料的，依据进入到自由贸易区时的情形在区内加工操作成本可忽略不计，对在区内制造完成的产品可将自由贸易区视为原产地包括涉及运费计算的情形。

第 41 条

自由贸易区内项目及其分配的利润不适用埃及现行税费法律的规定。

项目税费缴纳如下：

1. 适用于公共自由贸易区内项目

（1）对仓储项目，按进口货物 CIF 价格的 2% 收取费用；对制造装配项目，按出口货物 FOB 价格的 1% 收取税费。对有明确目的地的过境货物（Transit）免收该税费。

（2）对主要业务活动无需进口或出口货物的项目，根据经任一注册会计师审核过的财务报表的实际情况按其实现总收入的 1% 收取税费。

2. 适用于私人自由贸易区内项目

（1）对制造装配项目，当其货物出口到国外时，对所实现的总收入收取 1% 的税费；当其货物进入到内地时，对所实现的总收入收取 2% 的税费。对有明确目的地的过境货物（Transit）免收该税费。

（2）对前款所述项目以外的其他项目，按其实现总收入的 2% 收取。

本条第 1 项的所述税费收归总局，第 2 项所述税费归总局和财政部平分。

在任何情况下，公共自由贸易区和私人自由贸易区内的项目都应向总局按比例交纳不超过资本金 0.1%（最高 10 万埃及镑）的年度服务费，该交纳比例由本法实施条例予以说明。年费可以主管部长确定的等值外币交纳。

同时，公共自由贸易区和私人自由贸易区内的项目都须向财政部和投资部递交经任一注册会计师审核的财务报表。

第 42 条

自由贸易区兴建的海上运输项目免除规定在 1949 年 84 号法律有关商船登记和 1990 年 8 号《海商法》中对船东和船员国籍特殊条件的限制。

该海运项目所有的船只不适用 1964 年 12 号法律中对船只注册登记在埃及海运总会的规定。

第 43 条

投资者应为建筑物、机器和设备办理在开展获批项目活动中对抗各种事故和风险的一切险。

在发生已投保对抗的事故或风险时,区理事会有权发出清除项目设施的决定。该决定必须正当合理,并在决定发出之日起一周内以能获取签收信息的挂号信形式书面通知投资者或其代理人,必要时区执行机构可缩短此期限。

投资者在区执行机构确定的期限内应执行该清除决定,费用自行承担。在投资者拒不执行该决定时,根据违反的严重程度,区理事会有权中止项目活动或吊销其许可。

第 44 条

在任何本法所述的情况下,适用自由贸易区制度,不管是国外来单或是放单,应有自由贸易区、主管海关和当事人或其委托人三方在项目驻地内进行查验,在与发票或箱单货单一致后,做出三方签字的载明查验结果的书面声明。出单后由当事人负责监管并承担全部责任。海关机构应对出单核价并将其告知区行政机构。

在运单上出现了其他不明原因的短溢情形时,不论是件数、件内物品还是该货物为杂货或散货,海关负责人应通知区理事会主席。

总局理事会做出决议规范对出现前款情形时的责任,以及决定该情况下的短溢比例。

第 45 条

自由贸易区项目不适用 1958 年 113 号法律《关于股份公司和公共组织员工任命问题的规定》。

自由贸易区执行劳动法在劳动关系、职业安全健康方面的规定,其中包括工人最基本的应当签订个人或集体劳动合同的权利,即与在自由贸易区内工作的获批项目员工签订个人或集体劳动合同。

自由贸易区内项目应制定能被遵守的可操作的内部规章制度并提交总局

执行局长或其授权人认证，该内部规章制度作为个人或集体合同的补充部分。

总局执行局长对内部规章制度中包含有违反公共秩序的规定或者包含的待遇低于劳动法所确定的待遇时，有权提出异议。

1975年79号《社会保险法》适用于自由贸易区内从事业务活动项目的员工，同时对个体私营和家庭作坊式等类型的雇主，以及归其管辖的人，其社会保险适用1976年108号法律。

第46条

任何个人不得在公共自由贸易区内长期从事个体经营或个人手工作坊，除非获得自由贸易区理事会主席根据本法实施条例做出解释的条款签发的许可证书并已支付不超过5000埃及镑的年费。

违反本条第一款各项规定的处以5000~20000埃及镑罚款，除非经主管部长批准不得据此情况提起刑事控诉。任何情况下禁止在自由贸易区设立自由职业和咨询类项目，根据总局理事会决议做出的条件可进入自由贸易区开展业务。

第47条

自由贸易区制度下的投资须符合本法的宗旨和原则，获得保障并可享受本法第11条的鼓励政策但不得与投资制度运行性质相抵触。

自由贸易区制度下运行的项目可转化成以国内投资制度运行，本法实施条例对转化条件、转化细则和就获批项目必需的设备、机器生产装备与生产线及配件等与海关交涉的程序予以说明。

第五节　公司或企业设立规定及后续事宜

第48条

遵守本法第71条规定，总局应为受本法及1981年159号《股份公司、股份有限合伙企业和有限责任公司法》调整的公司或企业的设立及设立后续事宜提供服务、组建投资者服务中心，建立自动化、标准化服务，实行可由总局立即激活的可终端操作的电子设立程序，在该电子程序中总局不受限于其他法律规定的任何程序。

本法实施条例对发布公司章程、变更程序、实行电子设立制度，以及针对公司和机构的服务项目，即受本法及上述《股份公司、股份有限合伙企业和有限责任公司法》调整的公司或机构的服务项目予以规定。

第 49 条

由主管部长决定发布，不同情形下各种类型公司设立合同的范本，以及公司基本章程范本。

设立申请人一次性向总局支付通过立法形式确定的税费，以及其他的各部门对有关设立及设立后所提供服务的款项，总局所收取的费用计入各部门账户。

投资人应向总局为其提供的实际服务支付费用，总局理事会发布决议确定费用类别、收取原则、收费条件，以及收取的特定程序。

第 50 条

各主管机关应为总局电子服务系统运行各司其职，在本法生效之日起 90 天内提供各种文件、模版、数据，以及将其操作系统和数据库链接到总局电子服务系统和数据库。

进而各主管机关应接收电子签名、各种利用技术手段制作的文件和模版，接收各种应付款项的电子支付，本法实施条例对此予以说明。

第 51 条

总局应在设立申请完整地提交后最多一个工作日内决定是否批准该申请。公司在商业登记簿登记之时即刻获得公司法人身份，总局签发设立执照，确定该执照所载明事项由执行局长决定。

该证书一旦签发，在与各主管机关、银行以及相关部门办理业务时作为官方正式文件予以接受。

依本法已完成设立的公司应提交一份已向中央证券保管机构提交证券寄存的证明。

总局制定给投资项目颁发执照的制度，具体安排发照由总局执行局长决定。

每一个机构或公司不论其是何种法人形式都有一个全国统一号码,此号码一旦生效,投资者即可用其与不同国家机关或部门办理各种业务。

以上各款根据本法实施条例所做出的解释执行。

第 52 条

受本法调整的公司资本可确定为任何易于兑换的、用其编制财务报表和公布的货币,但以用该种货币认购公司资本为前提;并且应依据 1981 年 159 号《股份公司、股份有限合伙企业和有限责任公司法》规定完成支付确定比例的应缴资本金。

同时,受本法调整的公司注册资本可从埃及镑换算成任何易于兑换的货币,换算按当日中央银行公布的汇率执行。

本法实施条例对此做出特定细则。

第 53 条

作为 1981 年 159 号《股份公司、股份有限合伙企业和有限责任公司法》第 45 条的例外,受本法调整公司设立时的出资额和股份经由主管部长批准在公司起始 2 个财政年度内可以流通。

第 54 条

总局应发布在其主管的所有业务申办程序上便利投资者并实现为投资者提供快捷服务的决定。为了实现此目标,总局不受其他法律规定的任何程序制约,制定确保投资程序的管理和对公司的事后监督相分离的规范,在不违反透明原则、治理原则和审慎、问责的行政原则前提下通过以下举措:

(1)简化与公司股东大会、董事会的会议记录批准有关的所有程序,包括使用现代科技方法,在会议记录完整提交总局之日起不超过 15 天予以批准。

(2)用与科技发展同步的电子手段取代纸质记录簿和文件。

(3)更新、规范和简化增资减资程序及资产评估体系,采用核查程序核查定价是否已正确评估。以上举措不妨碍埃及金融监督总局行使法定职权。

本法实施条例对以上各款予以说明。

第六节　为建立投资项目划拨必要的不动产

第 55 条

在遵守位于专门法律划分的地理区域内的部分不动产特殊原则前提下，投资者有权为直接投资活动或者扩大投资获得必要的不动产，不论其参与投资的比重大小或者资本的股份多少。获得的方式可以通过对该不动产持有机关，在其挂牌后依据该不动产法律法规规定的原则进行；也可以通过总局，根据本法的处分规定取得。

第 56 条

持有不动产的行政机关在与各主管机关和国家国有土地使用规划中心协调后，在本法生效之日起 90 天内向总局提交所有归其持有并可用于投资不动产的详细地图，除此之外还应提交一个包括地理位置、面积、建筑高度、估价、与土地自然属性适宜的投资活动、土地处分方式等在内的完整数据库。同时，该行政机关应每六个月更新一次数据库或按总局要求随时更新。

内阁批准后由总统签发将部分不动产所有权、管辖权、监督权，在贯彻执行投资方针需要时，从持有的行政机关转移到总局。依据本法总局获得对此不动产的处分权。

第 57 条

兼顾国家投资方针并考察投资项目的规模、项目活动属性及项目投资金额，按本法规定的条款、规范和程序，可将国有或其他公共法人所有的不动产为投资目的处分给投资者。

该种处分行为不适用 1998 年 79 号《招投标法》，但本法另有特别规定的除外，且不得与本法规定相冲突。

只要批准投资项目的主管机关对投资者履行了义务，投资者应按照其所提交的进度表履行获批投资项目。

除非获得主管机关书面批准，该书面批准不论是直接向投资者做出还是通过其在投资者服务中心的代表，投资者不得自行变更投资项目的项目宗旨、扩大投资项目、增大项目规模或其他变更事项。

第58条

在遵守本法第37条规定的同时，对投资项目所需不动产的处分依照本法可采用下列任一方式：出售、出租、租购和用益物权许可。

以上方式根据本法规定可以依投资者请求，或者总局发出要约邀请或挂牌公示。

持有不动产的行政机关可以将持有的不动产以实物出资的形式或者以内阁决议所发布的其他参与情形参与投资项目。本法实施条例对此种机关以不动产参与投资项目的条件、程序和参与方式进行说明。

第59条

在投资者请求提供国有不动产专门用于举办投资项目时，投资者应在请求中说明其意向在该不动产开办投资项目的目的、需要的面积，以及位置。总局负责向投资申请人提供归其所有的，或归行政机关持有的适宜投资活动的现有不动产信息，说明不动产属性、有关条件、是否有配套设施和对其处分方式、价格，以及其他必要条件和信息。

第60条

经内阁批准由总统决定所发布的划定地区只得以经济发展为目标并依据投资路线图。国家拥有所有权的不动产可无偿处分给具备由内阁决议所确定的资金和技术条件的投资者，处分方式适用本法第58条的规定。

在任何情况下无偿处分不动产投资者应向有处分权机关提供不超过项目投资成本5%的现金担保或等价物，具体执行依据本法实施条例解释的标准和规范。投资者遵守处分条款义务的前提下，在生产制造类项目实际开工或其他类型项目启动业务经过三年后该担保金或等价物应予以返还。

第61条

在处分不动产中采用以支付费用方式取得用益物权许可的制度时，许可期限不超过50年、可延期，通过达成只要持续开展项目活动的条款即可。但该条款不妨碍不动产持有机关调整用益物权对价的权利。

该许可将发放给具备一定资金和技术条件的投资者,该资金和技术条件由总局经与不动产持有行政机关协调后确定。

以上规定同样适用于以出租方式处分不动产的情形。

第 62 条

在处分不动产中采用出售的方式时,每位以建立或扩大投资项目为目标的投资者,在具备总局与不动产持有行政机关协调后确定的资金和技术条件时,都可提出定约申请。

仅在投资者支付全部不动产价款后,且生产制造型项目实际开工,或者不动产项目或旅游项目履行完毕、或其他类型项目启动业务活动的情况下不动产所有权才转移给投资者。与投资者签订的合同中必须写明以上条件。

根据投资者请求,在不动产持有行政机关同意后总局可以与投资者达成延期至项目实际运行后支付不动产全部、部分价款,以及其他简化措施中涉及不动产款项的合同。所订立的延期支付合同中应明确保证措施和程序。

以上规定同样适用于租售的情形。

第 63 条

存在多位投资者竞相请求处分建立投资项目必要不动产时,不论是通过出售、出租,租售还是采用用益物权许可的方式,将在具备投资所必要的资金和技术条件的人中,根据择优原则对包括投资者的报价,或者其他资金或技术指标等,采取评分制。

如采用评分制难以在竞争者中择优,则与报价最高者进行交易。

本法实施条例对竞争情形、择优交易规范,以及所依据的择优原则予以说明。

第 64 条

在执行本节规定时,根据目标项目的属性可通过以下任一机构对售价、租金和用益物权对价进行评估:政府事务总局、农业部国有土地定价最高委员会、新城市社区管理局、旅游发展总局和工业发展总局。

评估机关应纳入有经验的代表作为评估委员会的成员，评估操作应在自评估申请提交至评估机关之日起 30 天内完成。

本法实施条例对直接评估操作必要的标准、规范和程序、评估有效期和不动产持有机关在完成划拨时支付给定价部门的评估费用予以说明。

第 65 条

由总局执行局长决定并经主管部长批准组成一个或多个具有技术、金融和法律知识的成员加入的委员会，加入成员的职位和专长应与合同主体的性质和要义相匹配。委员会对根据本节规定的不同情形下投资者对不动产的处分请求，在收到不动产持有机关对该请求书法律意见之日起不超过 30 天的期限内做出是否批准的决定；不动产持有机关应在收到投资者的请求之日起一周内将其意见提交到委员会。在委员会决定通过投资者的申请后，由总局将该决定告知申请人。

本法实施条例对上述委员会的运作程序、如何告知申请人、具体支付不动产售价、租金和用益物权对价的方式，以及各种应收款项转账到各主管机关事宜予以说明。同时，实施条例也对根据经人民议会审议后由总局理事会批准的格式合同在具体情况下进行编拟的程序予以说明。

第 66 条

在各种处分国有或公共法人所有权的不动产情况下，投资项目应遵守被处分不动产的使用目的，非经不动产持有行政机关书面同意不得改变用途。在不动产位置和自然属性允许此种改变的情况下，须支付实施条例明确规定定价标准的金额。

不动产持有行政机关应在用途改变申请提交之日起 30 天内做出回复，否则将未予回复视为对该申请的拒绝。

投资者有权向依本法第 83 条成立的委员会就上述决定进行复议。

在任何情况下，对项目开工或开展活动不满一年的用途改变申请不予受理。

第 67 条

不动产持有行政机关根据其工作人员提交的有关执行投资项目设施建设进度后续各阶段的跟踪报告，并在总局理事会同意后，有权在出现下列情形时解除不动产买卖合同、租赁合同、租售合同或用益物权合同并收回不动产：

（1）在通知投资者接收不动产之日起 90 天内拒绝接收的；

（2）未有其他合理解释的阻却事由在接收不动产之日起 90 天内未启动项目实施并经书面警告后 90 天内仍怠于实施的；

（3）违反应交款项付款条件和支付期限的；

（4）根据本法规定在未获得不动产持有行政机关事先书面同意或在所有权转移给投资者之前，改变划拨不动产使用用途的、抵押不动产的或者设置任何他项权的；

（5）在项目的任何阶段有实质性违反合同或用益物权许可时，要将违反情况向投资者提出书面警告后未消除违反事由的。

实施条例就上述实质性违反情形、在确定投资者拒不或怠于完成项目实施情况下收回该不动产程序，以及在该种情形下不动产再次处分的事宜予以规定。

第四章　投资事务机构的设置

第一节　最高投资委员会

第 68 条

在共和国总统领导下组建最高投资委员会，除了本法规定的权力外还包括以下内容：

（1）采取一切必要措施营造更好的投资气候并为规定所需条件给予指导；

（2）制订投资气候在立法和行政层面的总体框架；

（3）通过确定有针对性的优先投资项目的政策和投资路线图，该政策和路线图应与国家总方针、社会和经济发展计划，以及现行投资制度相一致；

（4）贯彻执行国家机关在涉及投资方面的方针和计划，致力于发展大型经济项目，改进私营部门参与项目的现状；

（5）在国家经济发展方针的框架下，在各专门行业，以及不同地理范围内不断更新和贯彻投资路线图；

（1）探索各行业的投资机会并研究与此有关的核心问题；

（2）监测与投资有关的国际报告和指标上埃及评级和排名的发展；

（3）跟进投资争议解决机制，以及国际仲裁案件的现状；

（4）研究和制订解决投资壁垒的方案，消除执行本法的障碍；

（5）对主管投资的各部委总局、各政府机关共同承担连带责任并实现各部门运行协调一致；

（6）解决在投资领域中可能会发生在国家机关间的分歧与冲突。

由共和国总统决定发布该委员会组成形式及其运行制度。

各国家机关应执行该委员会发布的决定。

第二节　投资和自由贸易区总局

第69条

投资和自由贸易区总局是一个经济性质的由主管部长负责的公共法人机关，执行国家投资部署、进行投资鼓励、投资事务的发展和运营、招商等以实现国家经济发展方针的方式开展工作。

总部设在开罗省，经总局理事会决定可在阿拉伯埃及共和国境内，以及境外设立分支机构或办事处（包括派遣商务代表团）。

第70条

在不违反1992年95号《资本市场法》、1995年95号《融资租赁法》、2001年148号《不动产融资法》、2003年88号《中央银行及银行钱庄机构法》，以及2009年10号《对非银行金融工具和市场监管调整法》规定的情况下，总局作为独有的贯彻实施本法和1981年159号《股份公司、股份有限合伙企业和有限责任公司法》的行政机关。

总局在财务和行政问题上可不受政府规章制度的制约，总局为完成其任务可借助于国内外最具能力和经验的资源，同时不得违法2014年63号法律《关于国家机关有偿工作人员收入限额的规定》。总局理事会决议发布对该问题的管理措施。

总局为实现其目的在进行定约、行使处分权和进行交易时，可划拨国家专有资产中的不动产或者为其行政事务需要使用不动产的目的重新将不动产划拨给自己。

第71条

为实现总局目标，除本法规定之外，总局直接取得以下权限：

（1）与国家各主管机关协调合作编制投资方针项目，其中包括投资类型和投资制度、投资的地理范围及其行业、国有不动产或其他公共法人所有的可用于投资的不动产目录，以及根据投资制度类型采取的不动产处分制度和方式；

（2）根据国家投资方针制订计划、开展研讨和形成制度确保吸引和鼓励国内外资金在不同领域开展投资活动，以及相应的必要程序；

（3）编制可供投资机会、有针对性投资项目及活动的数据库和路线图，持续更新数据库和路线图，并向投资者提供该信息和数据；

（4）向享受本法规定投资鼓励和保障的投资者颁发必要的证照；

（5）制定招商计划并为此采取一切必要措施在境内外利用各种方式及宣传媒介；

（6）经与各主管机关协调后统一专门用于投资事务的各种官方文件模版并通过互联网或其他媒介提供；

（7）制定有助于国民经济发展的自由贸易及投资区域的管理制度；

（8）研究涉及投资方面的立法，提出立法所必要的建议并定期对该立法进行复查；

（9）可在国内外组织举办与投资事务有关的会议、研讨会、培训班、研习班和展览等活动；

（10）可以与国际和外国机构或组织在投资及招商领域开展合作；

（11）根据本法实施条例说明的规则和程序，以及其他法律规定，对受本法调整的公司进行监督和检查。

第 72 条

不受 1998 年 89 号《招投标法》限制，总局为了达到执行其对现有投资机会在境内外招商计划的目的可以将这项任务委托签约给专业公司。本法实施条例对该规则予以说明。

第 73 条

总局设立理事会，理事会有权制定总局总体方针政策并监督其方针政策的执行，由总理决定总局理事会的组成，包括：

（1）主管部长为主席；

（2）总局执行局长；

（3）总局副执行局长；

（4）三名有关机关或部门的代表；

（5）一名在私人投资领域有经验的人士和一名法律界资深人士。

理事会成员任期三年可连任。

理事会最少每月召开一次会议，法定与会人数至少为 2/3 的代表，理事会可在成员中组成一个或多个委员会接受某项特定任务的委托，理事会主席在有需要的时候可以邀请专家列席会议。

理事会决议以多数与会成员表决同意的方式通过，在票数相同的情况下，由理事会主席所在一方意见为主。本法实施条例对理事会运行制度予以规定。

理事会成员应公示其所有财产，年度公示及年度审计由独立第三方完成以确定无违法行为或者无实际的或潜在的利益冲突，该审计报告应通过主管部长呈递到最高投资委员会。

第 74 条

总局理事会是管控总局事务的最高权力机关，根据本法和实施条例规定理事会有权做出其所认为必要的决定来实现设立总局目标，尤其对以下各项：

（1）在国家投资政策框架下制订总局业务活动及进展的计划；

（2）制订机制激活投资者服务中心体系，以及跟进其执行情况；

（3）确定给付总局的服务费用；

（4）确立内部规章和有关总局财务、管理和技术方面的执行性决定，制定总局组织架构；

（5）通过总局的年度预决算；

（6）制定自由贸易区及投资区域理事会的组成规则、职权范围和运行制度，其中理事会组成和职权范围应由总局执行局长决定发布；

（7）批准通过建立、发展和管理自由贸易及投资区域必要的规章、制度和格式模版。依据所适用的不同投资制度确定撤销项目的规则和机制，以及吊销为投资项目所发放批准证书的必要条件；

（8）根据本法批准发放许可证照的条件、批准占用不动产和回收包括地上建筑物及设施、内部装修装饰特别是与投资区域有关不动产的条件；

（9）经与海关协调后批准以下事项：货物进出的基本规则、对货物的登记规定、存储货物的占地费，单据检验、复验，监管、守卫自由贸易区的专门制度，以及收取应缴费用等；

（10）批准总局为活跃本法规定的投资者服务中心而设立的分支机构及办事处，并批准其提供投资服务；

（11）制定由总局提供的投资服务自动化系统；

（12）制定为确保贯彻治理原则、为适用对公司后续检查监管工作规范，以及依据本法实施条例所说明的方式对此采取必要措施的制度与规则；

（13）在不触及国家安全、隐私权、信息秘密和保护第三方权利的前提下，制定能确保为投资项目开展活动提供必要的统计资料、数据及信息的制度，各主管机关应按制定该制度所要求的项目向总局提供。

第 75 条

总局收入由下列构成：

（1）国家划拨给总局的财政拨款；

（2）总局收取的税金及服务费，代收其他部门机关的除外；

（3）依据有关馈赠、捐助及贷款的既定规则经总局理事会批准的国内外馈赠、捐助及贷款；

（4）总局所有的或者划拨给总局的不动产占用费；

（5）经内阁批准由总局理事会决议做出的任何其他收入。

第 76 条

总局是按照经济部门预算模式建立起来的一个独立预算单位，总局财政年度的起始和结束与国家财政年度同步。总局的账户、余额及资金受中央审计机关监管，其所有收入存入埃及中央银行国库统一账户下的一个专门账号，首年至次年的预算盈余分离到专门账户，账户支出由总局理事会决定。

第 77 条

根据主管部长提交由总理做出决定任命总局执行局长及其副职并确定他们的薪酬，总局执行局长及其副职任期三年可连任一次，副局长职位不得超过 5 名，由主管部长决定副执行局长的职权范围。

总局执行局长代表总局参与诉讼及面对第三方，同时处理总局事务和执行总局理事会决议。总局执行局长在行使职权中应采取必要措施简化总局为投资者提供服务的程序，同时充分应用监管制度、透明制度、治理制度和审慎行政制度。

执行局长可授权一位副局长除应诉和面对第三方权限之外的部分权限。

实施条例对执行局长的权限和其他使命予以说明。

第 78 条

执行局长应编制年度计划、总局每五年的可持续发展战略、编写包括工作总结、为实现投资程序便利化的工作成就，以及招商成果在内的半年报告，并提交给总局理事会。

主管部长向最高投资委员会和内阁均须提交总局年度计划和上述报告，其中包括在总局年度计划和五年发展战略指引下所取得的成就、投资程序便利化及招商方面的成果和最突出的投资障碍问题，以及主管部长为改善投资气候对政策、措施及立法修改等提出的建议。

执行局长在认为有必要时，并经总局理事会许可后，可批准完善和更新非总局所有的公共自由贸易区的基础设施，为此所花费的资金从土地所有者受益于该区域已建项目中所收的用益物权费用中扣除来支付给总局。

上述基础设施的完善和更新、确定已花费资金的依据和回收方式等规范由本法实施条例予以说明。

第 79 条

总局在其网站每年应发布一份报告公布享受本法规定鼓励政策的公司花名册，报告中还应包含公司业务活动的属性、地点、享受鼓励政策的类型，以及合伙人、股东或公司所有人名称。

同时，总局还应每年发布一份报告公布依据本法规定接收土地的公司花名册，报告中还应包含该土地的用途、类型、面积和准确的地点、专家评估意见，以及合伙人、股东或公司所有人名称。

公司应提交以下数据：投资规模，年度财务报表，各种注明国籍的劳工和职员的职工花名册、工资汇总表，以及本法实施条例规定的其他数据。

第 80 条

经与有关部长达成一致由司法部做出决定从总局中授予具司法警官属性的职员旨在证实违反本法、1981 年 159 号《股份公司、股份有限合伙企业和有限责任公司法》及两部法律执行决定的犯罪行为。经执行局长做出决定后该种具备司法警官属性的职员为办理案件需要可进入适用本法而设立的投资项目查阅文件单据、记录等，同时应向执行局长提交一份其办案结果的报告。有关投资项目应对该种职员办案给予便利。

第 81 条

对出现公司或企业违反本法的情况，总局应立即对该公司或企业发出一份警告，令其在警告之日起 15 个工作日内消除违法事由。

如果在该警告函包含的消除违法事由期限届满前未予消除的，在总局理事会同意后执行局长有权做出在不超过 90 天期限内暂停公司或企业业务活动的决定；如果该公司或企业仍继续违法行为或在首次警告发出之日起一年内又违反其他规定的，应采取下列一种措施予以处罚：

（1）中止享受既定鼓励政策和减免措施；

（2）缩短享受既定鼓励政策和减免措施的期限；

（3）视做出终止决定，以及对公司和企业颁发许可证照的影响，终止享受既定鼓励政策和减免措施；

（4）吊销所开展业务的证照。

对危害公众健康、公民安全和国家安全的违法行为，执行局长在向总局理事会通知备案后有权做出暂停为期 90 天业务活动的决定；如公司或企业继续违法行为或者一年内再次违反同一违法行为，总局执行局长有权吊销其许可证照。

第五章　投资争议解决

第 82 条

在不妨碍使用诉讼权利的前提下，争议各方可通过友好快速的协商方式来解决投资者与一个或多个政府机关部门就涉及投资者资本或者对解释、执行本法产生的争议。

第一节　复议委员会

第 83 条

总局设立一个或多个委员会受理对由总局或主管机关依据本法做出的批准文件、许可证书、营业执照的行政决定的复议。

该委员会由来自于某一司法机关并为该机关专门会议确定的一位顾问为

首席委员、一位代表总局的委员和一位专家委员组成。

该委员会的组成形式、工作制度和职能秘书处由相关部长决定。

第 84 条

复议申请人应自行政决定送达或知道该行政决定之日起 15 个工作日内向复议委员会提起复议，申请复议适用诉讼时效中断。复议委员会受理后应通知申请人和被申请人，要求作为被申请人的有关行政机关提供复议委员会认为有必要的做出该行政决定所依据的事实、有关材料和被申请人的书面答复。复议委员会有权利用总局和其他行政机关各种专业知识和经验的资源。

复议委员会在听取各方陈述、意见之日起 30 天内对所申请复议事项做出理由充分的复议决定。该事项的复议决定书是一审终局，对各方具有约束力，但不妨碍投资者行使诉讼的权利。

实施条例对复议委员会审理地点和复议决定书送达方式予以说明。

第二节 投资争议解决部级委员会

第 85 条

设立一个名为"投资争议解决部级委员会"一个部委级别的委员会，专门审理申请、投诉，投资者与国家之间或者与一方为某一政府部门、厅局机关或国有公司之间可能产生的纠纷。

总理决定该委员会的组成形式，人民议会行政事务专门委员会选出的副议长作为该委员会委员之一，该委员会决议须由内阁批准。其余委员会委员由各部部长担任，在必要情况下各委员可委托代表出席委员会会议并行使委员会会议决议表决权。

委员会设职能秘书处，其组成形式和工作制度由主管部长决定。

第 86 条

委员会召开的法定形式为委员长和至少半数非委托代表委员出席，委员会裁决以多数与会委员表决同意的方式通过，在票数相同的情况下，由委员长所在一方意见为主。

相关行政机关应按照委员会的要求提交必要的解释性说明和有关材料，一旦该部门为参与委员会的委员部门则该涉事部门在涉及自身的案件意见交换中所投的一票不予计入。

委员会应在结束完成听取各方陈述、意见提交之日起30日内对所申请事项做出理由充分的裁决。

第87条

在不妨碍投资者行使诉讼权利的同时，投资争议解决部级委员会的裁决经内阁会议批准后具有强制执行效力，具有法院执行书效力，各相关行政机关必须遵守。拒不执行该裁决书则按《刑法》第123条关于拒不执行民事判决罪追究刑事责任。对该裁决书提起复议期间不停止执行。

第三节　投资合同争议解决部级委员会

第88条

由内阁设立一个名为"投资合同争议解决部级委员会"的部委级别委员会，专门解决因投资合同而产生的纠纷，该投资合同一方为国家或者某一政府部门、机关或国有公司。

内阁总理决定该委员会的组成形式，人民议会行政事务专门委员会选出的副议长作为该委员会委员之一，该委员会裁决须由内阁批准，出席委员会会议不得委托代表。

委员会召开的法定形式为委员长和半数委员出席，委员会裁决通过以多数委员意见为主，在票数相同的情况下，由委员长所在一方意见为主。

委员会设职能秘书处，其组成形式和工作制度由内阁总理决定。

第89条

委员会有权调查和研究解决产生于投资合同各方之间的分歧，委员会为实现解决争议的目的，经合同各方同意可采取必要的解决方式来化解争议合同的不平衡问题，延长合同约定的合同期、期间或给予宽限期。

同时，委员会在必要的时候重新制作应收账款明细表、纠正缔约前行为，根据不同个案情形最大可能地实现合同平衡、保障达到最佳的经济状态以保持总体财政运行，以及投资者的权利。

委员会须将带有说明各种要素的、所达成的涉案纠纷解决状态的决定书提交内阁，经内阁批准后该纠纷解决决定书具有强制执行力，具有法院执行书效力，各相关行政机关必须遵守。

第四节 友好方式解决纠纷和仲裁调解中心

第 90 条

解决涉及执行本法的投资纠纷可通过与投资者约定的方式或依照 1994 年 28 号《仲裁法》有关民商事条款的规定。

同时，在争议的任何时间内双方都可以根据争议解决通行的规则来约定，寻求各种纠纷解决方式，其中包括诉诸于临时仲裁和机构仲裁。

第 91 条

设立一个名为"埃及仲裁调解中心"的具备法人资格的独立仲裁调解中心，总部在开罗省。

中心受理可能产生于投资者之间、投资者与国家或与某一政府公共部门或与私人之间的投资纠纷。如果各方在解决争议的任何阶段约定通过仲裁或调解的方式提交仲裁调解中心解决，则各方应以规定仲裁和解决争议条款的特定埃及法律为准据法。

中心理事会负责日常管理，理事会由 5 名具有经验、专业知识、机关资历和信誉良好的人士组成，其任命由内阁总理发布决定。

理事会任期 5 年可连任一次。除非医学上丧失从事自身工作任务的功能、丧失信任或信誉甚至严重违反中心基本制度规定的工作职责，任何一位理事会成员在整个任期内不得离职。

理事会成员包括主席通过选拔产生。理事会可设立执行专员，理事会决议公布其任命，以及确定其薪资。

中心的基本制度、中心内部运行章程、职业守则、中心组织流程、收取的服务费、仲裁员和调解员花名册，以及他们的薪酬等由中心理事会决议公布。中心的基本制度须在埃及的网站上公布。

中心的财政收入来源于根据其基本制度所确定交纳的服务费用。

自本法生效之日起始三年内中心的财政收入由国家公共财政提供，除由国家公共财政提供外中心不得获得任何来自政府的或者任一国家机关的资金。

第 92 条

在构成法人个人名义的罪行和需要法人承担后果的罪行情形下，除非证实其有犯罪行为、主观有为自身或他人谋取利益的犯意外不追究其实际管理的刑事责任，但不妨碍承担民事责任。

在未认定前款规定的法人构成犯罪须个人承担刑事责任的情形下对法人处以该罪行法定罚金四倍以上十倍以下的加重罚金；对再次违法的，根据不同情形裁定吊销许可证照或者取消法人资格，裁定结果应在两份日报上刊登，公告费用由该法人承担。

第 93 条

除现行犯罪情形外，在提起刑事指控前须征得主管部长对隶属于受本法调整的某一投资项目的嫌疑人是否构成规定在 1963 年 66 号《海关法》、2005 年 91 号《所得税法》、2016 年 67 号《增值税法》上刑事犯罪的意见。

主管部长应在收到向其征求意见信函之日起 7 天内给出对该事项的意见，否则将依照上述法律的定罪原则提起刑事诉讼。

第 94 条

在不违反 2003 年 88 号《中央银行及银行钱庄机构法》第 131 条、2009 年 10 号《对非银行金融工具和市场监管调整法》第 16 条规定的情形下，除非征得主管部长对本法 93 条所述意见并按照同样征询原则执行，否则不得以第二部《刑法》第四章规定的罪名对投资者提起刑事诉讼或者进行任何刑事侦查。

附录2　2017年第2310号《投资法实施条例》

关于颁布《2017年第72号投资法实施条例》的2017年第2310号总理决定

第一章　总则

第一节　受《投资法》调整的投资活动和领域

第1条

下列具体投资活动受《投资法》调整，就该投资活动有专门法律法规规定的，从其规定。

1.1　工业，包括如下内容。

1.1.1　利用原材料生产，通过混合、处理、成型、填料等改变其形态；为中间产品和成品进行零部件组装和安装。不包括烟草、蜜制烟草、吸入型鼻烟，以及各类含酒精饮料、烈性酒工业。

1.1.2　设计和制造工业机器、设备、生产线，以及对工厂的运行管理和结构调整。包括：

（1）对设备、生产线，以及工厂的工程设计；

（2）机器和产品模型、模具的复制、制造和销售；

（3）设备和生产线的制造；

（4）对各种工业项目、公用事业项目，以及项目的各种附属活动的运行管理，对工厂进行技术性和管理性的结构重组。

1.1.3 诸如影视中心、制片厂、影剧院在内的影视产业（实体）的建造、租赁、运营，以及（软体）摄制、冲印、印制、放映、发行等。

1.1.4 工业区整体开发及完善发展、为工业区招商或管理，包括：

（1）提交工业区的经济和规划研究；

（2）提交项目的经济、工程和技术研究；

（3）工业区基础设施及外部接入设施的建设；

（4）为工业区承接资本和项目进行工业区地块的招商和营销；

（5）工业区厂房建设，可作为预制厂房提供给项目；

（6）管理工业区、维护区内附属设施设备。

可综合或单项开展上述活动。

1.2 农业、畜牧业、养禽业、渔业，包括如下内容。

1.2.1 荒地和沙漠的开垦、种植。包括：

（1）开垦土地、为之配备适于耕种的基础设施；

（2）耕种已开垦土地。

上述需满足两个条件：土地须用于开垦和耕种；种植须采用现代灌溉方式，不得采用漫灌方式。

1.2.2 畜牧业、养禽业、渔业。包括：

（1）可饲养各种类型牲畜，不论是进行种畜繁殖、产奶、育肥还是肉用；

（2）可饲养各种类型家禽和鸟类，不论是进行种禽繁殖、孵化、产蛋、育肥还是肉用；

（3）饲养马匹；

（4）渔场。

1.2.3 动植物遗传工程

1.3 商业，包括：投资发展国内贸易领域的项目，鼓励和促进以商业中心、商业批发、零售，以及供应链为代表的贸易活动。以上须以公司属性为埃及（公司法人）股份公司的形式开展，在欠发达地区和新城区从事上述贸易活动的公司和企业除外。

1.4 教育领域，不论类型及层次，包括创办、管理或运营学校；创办、管理和运营技术教育学校或学院；创办综合性大学。

1.5 卫生领域，包括：

设立医院和医疗救治中心：

1.5.1 设立专科医院、全科医院或大众（非盈利）医院，以及院内的治疗、医疗活动；

1.5.2 诊断或治疗医学中心

医院应每年无偿提供10%的住院床位；医疗、治疗或诊断中心每年对10%的病例提供免费。

1.6 交通运输业，包括：

1.6.1 城市、新城区内或城市、新城区之间往来的公共交通，须符合以下规范：

（1）该项目的运力不低于300座；

（2）投入车辆为新车，之前未注册或使用；

（3）车辆须为天然气驱动，不得进口柴油汽车；

（4）新城市城区内营运的公司应设有停车场和保养车间；

（5）营运活动的管理地点应设在新城区内；

（6）公司应确定自营车辆的路线和时刻表，并经主管运输部门批准；

（7）车辆前部有标明行车路线的指示牌；

（8）符合交通部在车辆承载、长度等方面的要求和规范；

（9）符合环境保护和污染防治的要求。

1.6.2 埃及国籍船舶从事内河、领海及沿岸运输；远洋运输业。

（1）河运，包括使用各种河运工具运送旅客，运输货物、任务送达、运输各种类型材料及集装箱；

（2）领海和沿岸运输，包括从事原材料和货物运输、旅客运送，作业时船舶须为埃及国籍；

（3）远洋运输，包括使用船舶或其他海运工具，如渡轮、汽船、舟艇等进行远洋原料、货物运输、旅客运送。

1.6.3 航空运输，以及直接相关的服务：

（1）运送旅客、运输货物，不论是采用定期飞行或临时包机形式；

（2）进行机场、停机坪或部分区域的建设、装修、运营、管理、养护、利用；对现有机场、停机坪的运营、管理、养护、利用，以及其他与航空运输直接相关的服务，包括养护、维修、餐饮、培训等。

1.6.4 公路（包括跨境）货物运输和铁路货物运输；

1.6.5 货物的冷藏运输；储存农产品、工业产品、食品的冷库；集装箱堆场和谷仓。对货物冷冻冷藏运输，对储存农产品、工业产品、食品进行冷冻冷藏处理的冷库，集装箱堆场及存储粮食的谷仓可取得所有权自营也可通过租赁方式运营。上述业务均包含所必需的运输和装卸服务。

1.7 旅游业，包括：

1.7.1 酒店、游艇、汽车旅馆、酒店式公寓、度假村、旅游营帐、旅游交通等。

（1）固定（于地面）或水上漂浮宾馆、游艇、汽车旅馆、酒店公寓或套房、度假村等相关的服务性的、娱乐性的、体育性的、商业性的、文化性的活动，以及上述设施的完善和扩建。但宾馆、汽车旅馆、酒店公寓或套房、度假村不得低于三星级，所售单元面积不超过项目接待能力总建筑面积的50%；

（2）旅游营帐，但不得低于三星级标准；

新河谷省及由总理决定确认的老河谷以外的新兴地区设立的旅游项目不受上述（1）和（2）所规定的三星级标准的限制；

（3）专门运送游客的各种交通工具，包括陆运、河运、海运、空运；

（4）综合性旅游项目，但须由埃及法人的股份公司形式开展。

1.7.2 对宾馆、汽车旅馆、酒店公寓、度假村进行管理和旅游营销。

1.7.3 建设、运营或管理具有必要配套服务进行业务开展和安全保障的综合性内河码头。须符合主管部门，据其公布的条件，在规定或批准的场所保持河道环境不受污染、防止火灾，同时码头可容纳不少于24个水上漂浮旅馆（船）。

1.7.4 建设、运营游艇码头、高尔夫球场、潜水中心，以及与此有关的或补充性的活动。

1.7.5 患者的医疗旅游。由主管卫生的部长经与主管旅游的部长协调后发布决定，就如何确定医院、诊断或治疗中心预定程序等事项做出安排。

1.7.6 景观旅游。建立、管理景观客栈、观赏鸟类及珊瑚礁的场所，以及其他特色景观系统。

1.7.7 古迹或博物馆的服务公司，须根据主管部门批准该项目所作出的原则和规范开展。

1.8 房地产建设、建筑业。包括：

1.8.1 全部单元用于出租、用途为居住非办公的住宅项目，单元（户）总数不得低于50套，不论是独栋建筑还是多栋建筑。

1.8.2 保障性住房项目和供低收入者的住房项目。

1.8.3 在新城市，新城区，欠发达地区和老河谷以外区域进行的房地产投资。

1.8.4 基础设施建设，包括给排水、用电、道路、通信、多层停车场、咪表停车设施、地铁线路、地面轨道交通线路、汽车（通行）隧道、灌溉泵站等。

（1）生活污水或工业废水处理厂，污水净化厂，以及与上述工厂（管道）连接工程的建设、运营、管理、维护；

（2）城市街道、公路、高速公路的建设、运营、管理、维护、使用；

（3）地铁隧道或其中部分线路的设计、建设、运营、管理、维护；

（4）市内或城市之间地面轨道交通线路的设计、建设、运营、管理、维护；

（5）汽车（通行）隧道的设计、建设、运营、管理；

（6）以BOT（建设—管理—移交）模式建设、运营、管理多层停车场，不论是地下或是地上；咪表停车设施同样适用；

（7）对基础设施领域的投资项目进行技术层面和经济层面的调查研究，以及可行性研究；

（8）铁道、地铁轨道内部及外部线路的设计、建设、运营、管理、维护、使用；

（9）可移动运输单元（集装箱等）内部与外部的运营、维护、使用；

（10）建设、运营、管理、维护灌溉泵站，以及输送到制定开荒、耕种用地的管线网络。

1.8.5 包括工业区、城市社区、欠发达地区、老河谷以外地区在内的城市规划、建设、开发。

1.9 体育运动领域。包括各种体育运动领域的服务，不论是管理、营销还是运营；运动场管理；设立专门俱乐部、健康研究中心或俱乐部、健身中心等。但从事所有体育运动服务的公司必须以股份公司的形式开展。

1.10 电力和能源领域。包括不同发电方式电站的设计、建造、管理、运行、维护；电网分布，以及电力销售。

1.11 石油和自然资源领域。包括：

1.11.1 支持开采和钻探过程的油服项目：

（1）与石油勘探有关的服务；

（2）油井的维护和循环作业；

（3）钻井设备和输油泵的维护；

（4）为采油目的钻探必要的注水井和浅井。

（5）钻井作业及维护的补充性民用工程；

（6）沉积物的表面处理；

（7）与安放套管和钻杆有关的服务。

1.11.2 天然气接收、天然气再气化及配送站点的建设和管理；将天然气从站点送到城市、农村、开发中地区终端用户的管网建设和管理，不论是通过专门车辆运输或是通过管道。石油运送除外。

1.11.3 涉及天然盐场、工业盐场、岩盐的业务活动。

1.12 饮用水领域。包括建设、管理、运营海水淡化厂，饮用水厂，以及其供水管网分布和输送，水的处理和回收。以上活动须依照既定科学技术标准开展。

1.13 通信和信息技术领域。包括：IT和通信项目、计算机系统及开发、投资在包括发明、实用新型和工业设计在内的发展知识产权的项目。如下：

1.13.1 IT和通信业。包括产品制造、设计、电子技术发展、数据库、外包、软件开发、技术教育。

1.13.2 软件设计和开发。

（1）软件，数据库和各种应用的编程、测试、设计工作；

（2）软件及应用程序的设计和开发，数据库和IT系统的创建、运行、培训；

（3）把声音、图画、数据等不同形式的信息制作成电子数据；

（4）计算机数据录入且以电子化方式。

1.13.3 设计、制造计算机设备：

（1）各种计算机系统的编程、设计、开发；

（2）嵌入式系统的生产、开发，运行及培训。

1.13.4 设计，实施及管理信息和通信基础设施项目：

（1）数据传输、交换网络的编程和设计；

（2）数据传输、交换网络的运行和管理。

1.13.5 通信和互联网服务。

1.13.6 投资在包括发明、实用新型、工业设计在内的发展知识产权的项目。

1.13.7 在获得主管部门许可后，建立实现声音、图像、数据传播的网络并可提供增值服务。包括移动电话网络。

1.13.8 在获得主管部门许可后，建设、管理、运营、维护有线，无线及人造卫星的通信站点和网络。不含广播和电视。

1.13.9 科研发展项目，支持空间科学和遥感项目，以及现代科技项目。

1.13.10 建立和管理培养研究人员的培训中心和IT转让中心。

1.13.11 建立和管理专门在信息、通信领域的咨询、研究中心，并使中心取得发展。

1.13.12 科技企业孵化器和创业支持。

1.13.13 与将传统（介质保留的）声音、图像、数据等资料转化为数字资料有关的活动，其中包括科学类的、文化的、技术资料的数字化。

第二节 投资者的社会责任

第2条

投资者得划出一定比例的利润用于投资项目以外的社会发展项目，通过参与以下全部或部分领域：

2.1 采取必要措施保护和改善环境、改善社会环境条件、改进各种环境问题，包括但不限于如下方面：

（1）创建垃圾回收机制；

（2）使用中水处理厂站；

（3）使用新型或再生能源；

（4）安全方式的废料处理；

（5）降低温室气体排放或减少影响气候变化的项目。

2.2 通过以下途径，在医疗保健，社会保障，文化关怀或其他任何发展领域付出劳动或献言献策：

2.2.1 为有特殊需要人群提供就业机会；

2.2.2 对青年或体育活动提供赞助；

2.2.3 关怀科学、技术或体育领域的杰出人才或发明创造者；

2.2.4 参与关爱贫困家庭或改善民生的计划；

2.2.5 与青年体育部、人力资源部和国家移民和埃及侨民事务部协作，资助针对提倡安全移民和限制非法移民的宣传活动；资助为非法移民提供正向替代出路而取得资格或培训的计划，如自主创业，国内外各种工业或服务业员工培训计划等，特别是在此种现象突出的省份。

2.3 通过与大学或科研机构签订协议的方式来支持技术教育或者资助旨在发展和改进生产力的研究、学习、宣传活动。

2.4 培训及科学研究来确保更新运用于生产力中的科技；从事为改善环境和避免恶劣环境影响的研究。

投资者在前款所述任一领域所花费的金额在年度纯利润10%范围内的，根据所得税法第23条第8款的规定应视作可予抵扣的成本和开支。

第3条

从利润中列支用于建立社会发展制度的投资者应向总局提交年度报告并附带由总局确定的支撑材料。

第二章　与投资者有关的鼓励与便利化

第一节　有关外国投资者居留和雇佣外籍员工

第4条

在遵守阿拉伯埃及共和国有关居留的现行法律规定下，外国投资者满足下列条件时发放居留许可：

4.1 投资者为公司的发起人，股东或合伙人，以及企业主；

4.2 居留期限不低于一年且不超过项目期。

经内政部批准后总局理事会可增设条件。

当投资者脱离公司、因清算从公司登记簿除名或企业从商业登记簿中除名时，注销居留许可。

第5条

填写总局专门为外国投资者居留准备的表格提交申请，总局依据经内政部批准的、由总局理事会决议做出的原则和规范发放许可，该原则和规范依照公司宗旨的类别和级别、资本、员工数量，以及活动开展的地点做出。

在项目设立之时发放期限为一年的居留许可；在确定认真开始实施项目后延长一年；之后每次可延长 5 年，但不论哪种情况居留期限不得超过项目期。

第 6 条

投资项目有权雇佣不超过项目员工总数 10% 的外籍员工；在不具备雇佣有必要资质本土员工的情况下，可以增加雇佣外籍员工比例到不超过项目员工总数的 20%。

经总局执行局长决定组成一个由技术、法律专业人员，以及主管部门代表构成的委员会，就增加使用外籍员工规定比例的申请做出对口回复。该委员会的决定须经总局执行局长批准，在研究已提交的申请时应遵守以下原则：

6.1 研究外国员工的从事科学工作的资格和所取得的科学经验，是否具备该工作的职业资格。

6.2 征求监督公司或企业开展经济活动的相关部门的意见；考虑到国家安全的需要征求安全部门的意见。

6.3 如有必要遵守与外籍员工国家对等原则。

6.4 对国外经验的国家经济需求和利益。

6.5 公司或企业对专家或顾问的需求及其工作环境；许可或驳回对生产和投资的影响。

6.6 公司或企业为埃及籍员工提供就业机会的程度。

6.7 公司或企业认真履行先前承诺和遵守法律规定的程度。

6.8 在同一专业岗位需多个外籍员工时，优先考虑埃及出生和定居埃及的外籍人员。

6.9 准许雇佣外籍专家或技术人员的公司和企业有义务为外籍专家或技术人员指派与其资质相符合的埃及员工作为助手，但外籍专家或技术人员应对其助手进行培训并定期提交业绩报告。

投资项目的外籍员工可依据埃及中央银行适用的规则将部分或全部应得报酬汇往境外。

第二节 保障

第 7 条

总局或其他涉事机关就涉及投资事务做出的决定，应在决定做出后立即以能获取签收人信息的挂号信形式或其他与投资人在申请许可时商定的形式，如总局为此所准备的表格上的电子邮件或传真等通知当事人。

第 8 条

除非经对因归咎投资者原因违反规定的警告（以能获取签收人信息的挂号信形式）、听证并且给投资者不超过 60 天的宽限时间（从警告发出之日算起）消除构成违规事由后，主管行政机关不得撤销或暂停颁发给投资项目的许可证书或收回被专门用于投资项目的不动产。如在宽限期届满投资者未消除违法事由，则主管行政机关在做出决定前以书面形式征询总局意见，包括所有将对投资者采取法律措施的意见，总局应在收到该征求函之日起 7 日内给出意见。

投资人有权就撤销或暂停许可证书或收回不动产的决定向依照投资法第 83 条设立的复议委员会提起复议。

第 9 条

在适用上述投资法第 6 条时，与外国投资关联的货币兑换，包括：

9.1 可自由兑换的外币现钞，通过埃及中央银行登记注册的任一银行汇入，用于设立、建造或扩大从事投资法及其实施条例规定活动的任何项目；

9.2 可自由兑换的外币现钞，通过埃及中央银行登记注册的任一银行汇入，依据总局理事会决议确定的原则用于认购埃及有价证券或者从埃及证券市场购买；

9.3 埃及镑现钞，在已使用自由兑换外币建造或扩大项目的情况下，经有关部门批准，用其支付使用自由外币结算应付金融债务；

9.4 机械、设备、原材料、商品化补给、运输工具等，从国外进口用于设立、建造或扩大项目；

9.5 知识产权及精神权利，权利人为外国居民，用于设立、建造或扩大项目。如在世界知识产权组织成员国登记的或符合现行有关该事项国际条约中规定的国际注册原则的发明专利、商标、商号；

9.6 利润，由投资项目实现的、可兑换汇往国外的，用于补缴，增加资本或投资于其他项目。

上述9.4和9.5在做投资资本估价时须按照埃及会计标准的规则和程序。

第三节 特别鼓励和额外鼓励

第10条

在适用投资法第11条时，根据投资路线图确定甲类和乙类投资地理区域，如下：

10.1 甲类：包括在苏伊士运河经济区、黄金三角洲经济区，以及由内阁决议划定的其他亟须发展的区域，该区域须具备如下特征：

10.1.1 经济发展水平低，国内生产总值低，以及非正规部门激增；

10.1.2 操作水平低，就业机会少，以及失业率上升；

10.1.3 具有下列社会指标：

（1）人口激增；

（2）教育水准不高，文盲率上升；

（3）医疗卫生服务差；

（4）贫困程度高。

10.2 乙类：

覆盖共和国所有的其他区域，即具备发展潜力、有助于吸引外资利用现有发展机会发展该区域及其附近区域，包括如下投资项目：

（1）劳动密集型项目，按本条例制定的规则；

（2）中小型项目；

（3）制造和依赖新能源和可再生能源的项目；

（4）由最高投资委员会决议确定的国家级和战略性项目；

（5）由最高投资委员会决议确定的旅游产业项目；

（6）依据主管部长、与电力事务有关的部长和财政部长共同提交的报告由总理决定确定的发电和配电项目；

（7）产品50%出口到阿拉伯埃及共和国境外的项目；

（8）汽车及相关配套产业；

（9）木材加工、家具制造、包装、印刷、化工行业；

（10）生产抗生素、抗肿瘤药物、美容化妆品行业；

（11）食品、农产品、农业残留物回收行业；

（12）工程设计、冶金、纺织、皮革加工行业；

（13）与信息技术和通信有关的产业。

第11条

投资法规定的劳动密集型投资项目须满足下列两个条件：

11.1 项目员工数量中有不少于500名埃及籍员工，须以记录在雇主方社保花名册为准；

11.2 该项目直接工资成本高于项目运营总成本的30%。

项目投资成本是指设立投资项目所需的费用（包括财产权利加上远期负债），即投资在设立或建造项目中的固定资产（有形）和非物质资产（无形），以能以现金购买和作为营运资本为条件。

第12条

公司或企业获得规定在投资法第13条任一额外鼓励的条件是业已开始生产或者开展活动，无论何种情况，须以总局认定的报告为准，除此之外，还需具备下列条件之一：

12.1 阿拉伯埃及共和国须为产品生产的主要产地之一，或该公司产品主产地为阿拉伯埃及共和国；

12.2 其项目资金的筹措依赖于外资，依据中央银行理事会确定的规范通过任一埃及的银行由境外汇入；

12.3 产品至少50%出口到境外；

12.4 公司经营活动在某一高新技术领域；向埃及引进先进科技，以及大力扶持配套产业；

12.5 项目产品上增大本地成分，但产品中原材料和加工配料的本地成分不得低于50%，符合工业发展总局现行规范；

12.6 该公司的活动应该基于在阿拉伯埃及共和国进行的研究项目所产生的研究成果。

第13条

受投资法调整的公司和企业应在开工或开业之日起90天内将开工或开业日期书面通知总局，该通知应随附经在会计师和审计师登记机关登记注册的任一财务审计师审核过的投资成本清单。

从事综合性旅游开发活动的公司，应对举办的每个项目逐一提交。

总局是唯一有权执行对开工或开业日期确认程序的机关，采取由总局执行局长或其授权人决定组建的、由与投资活动有关的部门参与的一个或多个委员会的方式。该委员会有权为确定开工或开业日期进行必要的检查、有权查阅必要的材料，同时应自收到公司或企业提交的完整通知之日起15个工作日内完成一份基于实地检查及对单据、报表和登记簿查阅后的工作报告。报告应包含该委员会确定开工、开业日期，以及投资成本数额所依据的事实基础，并且报告须经总局执行局长或其授权人批准。该报告为终局报告，经批准后，应将结果告知公司或企业，以及各主管部门。

公司或企业有权向依投资法第83条设立的复议委员会就该报告提起复议。

第三章 投资者服务中心

第一节 投资者服务中心的组织、投资指南及流程

第14条

经与政府部门和公共设施公司协调后，总局执行局长确定进驻投资者服务中心的初始人员和储备人员数量，除非另有规定，上述人员其中一位的级别不得低于高级雇员水平；总局执行局长向上述人员发放为期一年经总局批准后

可续期的进驻决定。经与所代表部门协调后，总局可自行决定终止人员进驻。

第 15 条

进驻投资者服务中心的政府部门和公共设施公司代表需满足以下条件：

15.1　未受过纪律或刑事处罚，或该处罚被撤销；

15.2　未因道德沦丧或有违诚信被判处刑罚或者限制自由的处罚，除非从法律上恢复名誉；

15.3　具备开展进驻工作的必要经验；

15.4　近两年的能力报告取得优等评价。

第 16 条

依据国防事务所要求的原则和条件经国防部批准后，有关部门自本实施条例生效之日起 60 天内，应向总局提供受投资法调整的与投资活动相关的划拨不动产，发放批准文件，许可证书或营业执照所必需的条件、程序、规定期限，以及所有的信息、文件和表格。

总局执行局长签发包含有下列信息和数据的投资指南：

16.1　发放批准文件、许可证书或营业执照的主管部门名称，以及行政隶属；

16.2　投资者需提交的文件；

16.3　投资者的获批程序；

16.4　依照现行法律规定，发放批准文件、许可证书或营业执照的税费；

16.5　依照现行法律法规，发放批准文件、许可证书或营业执照的技术条件和规范；

16.6　依照投资法规定完成行政许可的时限；

16.7　与投资许可有关的法律文件；

16.8　启动参保的文件，此项须与国家社会保障局协调后做出。

上述投资指南应在总局网站上公布并且总局和各部门以不同版式印刷品公布。

总局应定期审核和更新该指南；在现行立法发生修改，必要时依据该修改进行审核和更新。

第二节 认证办公室及认证证书

第 17 条

认证办公室取得营业执照须满足以下条件：

17.1 设立认证办公室的申请人须为股份公司，其经营范围须限定在认证办公室执业范围内；

17.2 须用总局审核过的专门就此事项的表格，执业申请须提交到认证办公室常设委员会；申请上要有公司法人或其代理人的签字及公司印章，同时附有总局审核过的专门就此事项表格上所要求的所有文件；

17.3 认证办公室需有具备专业技能的雇员，其资格和经验与办公室所发放认证证书要求的专业相匹配；专业技能雇员对上述提到的专业有不少于10年的经验；

17.4 认证办公室应具备其开展发放认证证书业务的物质要件；

17.5 一份有效期一年，可续签同样或多个期限的、覆盖由认证办公室执业可能引起的风险及损害的保单副本；

17.6 须按附表 2-1 分类交纳发放、更新营业执照的费用。

附表 2-1 分类交纳发放、更新营业执照费用

种类	费用（埃及镑）
签发营业执照许可认证办公室发放单一认证证书，证书载明设立、建造、经营或扩大项目符合获得批准文件、许可证书或营业执照的条件；	1万
签发营业执照许可认证办公室发放两份认证证书，证书载明设立、建造、经营或扩大的两个项目符合获得批准文件、许可证书或营业执照的条件；	1.5万
超过两份	2万

第 18 条

总局执行局长或其授权人向认证办公室签发营业执照，有效期一年，在届满前一个月内按总局提供的专门就此事项的表格申请后，可延长同样或多个有效期；申请更新的认证办公室由认证办公室常设委员会对其执业结果予以考查，同时其须具备上述签发执照时的各项条件。

第 19 条

认证办公室须购买年度有效的、保险金额由总局确定的不少于 100 万埃及镑的保险。该保险须投保于受埃及金融监管总局监管的、登记注册的任一保险公司并且以总局名义投保。

保险单保险范围覆盖认证办公室因执业活动引起的各种风险和损害赔偿，包括提供服务的授权人，以及第三人，在保险有效期内，不论该风险和损害是由认证办公室或履行工作期间的办公室隶属人员的过失、疏忽还是不作为造成的，均获得赔偿。

第 20 条

总局设立认证办公室常设委员会，由总局一名副执行局长担任委员长，下列为委员：

20.1 投资服务部门负责人；

20.2 发证总部负责人；

20.3 工程事务总部负责人；

20.4 投资者服务中心负责人；

20.5 法律，会计，咨询或其他技术领域的三名专业人士；

20.6 一名进驻投资者服务中心的主管部门代表；

20.7 为开展工作需要，委员会可以寻求任何专业人士的帮助。

经总局执行局长提议由主管投资事务的部长决定组建委员会、委员会的职能秘书处和提名委员人选。

第 21 条

认证办公室常设委员会主管以下事务：

21.1 审核认证办公室的执业申请，确认其符合签发或更新营业执照所规定的条件和规范，同时上报总局执行局长；

21.2 制定认证办公室提供服务收取费用的依据，上报总局执行局长并最后由总局理事会决定；

21.3 后续跟踪认证办公室合规事宜；

21.4 编制认证办公室执业半年度评估报告，在执业水平评估低的情况下上报总局执行局长裁量；

21.5 向各主管机关提供在总局登记的认证办公室的情况说明；

21.6 检查归咎于认证办公室及其雇员的任何违规行为，依照投资法和本实施条例的规定采取措施和行动；如有需要，总局执行局长应将违规行为的检查结果上报总局理事会，依照投资法第 22 条规定给予处罚；

21.7 接受、检查、研究认证办公室提交的建议或投诉，并将其上报总局执行局长，执行局长视情形采取必要回应；

21.8 制定提升认证办公室执业水平的政策。

第 22 条

获准执业的认证办公室不得将营业执照转让给他人；一旦违反，认证办公室常设委员会须将此上报总局执行局长，执行局长可交由总局理事会将该营业执照予以吊销。

第 23 条

除了遵守投资法规定的职业操守，认证办公室在执业中还应遵守以下原则：

23.1 根据不同事项程序按时完成对发放批准文件、许可证书或营业执照的必要审查；

23.2 对开展审查工作的雇员进行培训；

23.3 根据对此既定的技术条件和规范，遵循必要的技术方法审查材料以确定其合规；

23.4 配置一个记录所有递交到认证办公室的申请文件，以及审查、研究和显示有效期限等结论的数据库；

23.5 对提交到认证办公室的所有申请公平对待；

23.6 对服务收费有理有据；

23.7 为雇员购买保险；

23.8 对认证办公室雇员承担雇主责任；

23.9 认证办公室或其雇员均不得以任何形式与总局，任何主管行政部门或者任何与该认证办公室执业活动有关联的申请人订立劳动合同。

由总局执行局长提出，经总局理事会决议，总局制订对认证办公室的执业评价体系，包括绩效标准、服务时间表、收取的服务费用、职业责任原则的遵守程度等。

第 24 条

投资者就总局按投资法第 19 条规定的投资活动所发布指南的条件和程序，向获准执业的认证办公室提交申请须随附 2 套单据副本。认证办公室根据所申请证书的种类和性质，进行是否符合发放认证证书所需条件和程序的确认性审查。

认证办公室就发放认证证书事宜有权进行各种实地查验，举办研讨，进行检查或试验，以及其他必要措施。

第 25 条

获准执业的认证办公室可依职权向投资者发放有效期为一年、一式三份的认证证书，其中载明根据特定法律法规规定该投资项目全部或部分程度满足获得批准文件，许可证书或营业执照的条件。一份交由投资者或其代理人、受托人；一份送达给总局投资者服务中心或其分支机构，或者主管部门，随附发放该认证证书所依据的全部材料副本，送达方式为能获取收件人签收信息的挂号信方式或者当面递交到主管机关总部，由其出具收件收据。

第 26 条

获准执业的认证办公室出现违规发证的情形时，经认证办公室常设委员会提起，总局执行局长有权向其发出书面警告，要求其自警告之日起 15 日内消除违规事由，该警告以可获取收件人签收信息的挂号信方式发出；同时此款不妨碍追究因认证办公室违规发证引起的刑事或民事责任。

认证办公室在上述期限内未予消除违规事由的，经总局执行局长提议，总局理事会有权关闭其在总局的执业登记，为期不超过一年。

认证证书与事实不符或者违反投资法及本实施条例规定原则的，经总局执行局长提出，由总局理事会决议依照本实施条例第19条规定有权使用保险金并赔付受益人，同时关闭该认证办公室在总局的执业登记，为期不超过三年。

如重复违规，经总局理事会决议吊销该认证办公室在总局的执业登记。

在任何情形下，总局就上述事项对认证办公室做出的书面决定应采用能获取收件人签收信息的挂号信方式。

第27条

具有下列情形之一的，对认证办公室在总局的登记予以注销：

27.1 作为认证办公室公司属性的股份公司解散、终止或清算的；

27.2 总局撤销认证办公室执业许可的；

27.3 未在执业许可届满后2个月内更新该营业执照的；

27.4 认证办公室执业活动中止、清算或明确表示暂时或永久停业的，须在注销日期前经过至少3个月。

认证办公室常设委员会提出后，由总局理事会做出注销决定。在任何情形下，认证办公室注销前须完成受理的所有认证申请的审核。

第28条

总局应通过《投资月刊》或其他出版方式公布已登记注册的认证办公室信息，还包括任何修改、暂时关闭、吊销、中止或撤销许可等信息。无论何种情形，以上刊登费用由认证办公室承担。

第29条

认证证书可随附投资者申请提交到对口主管部门、进驻投资者服务中心该部门代表、其他行政部门等。自证书提交之日起最迟10个工作日内对口主管部门及其驻投资者服务中心代表可对该证书提出异议。

主管部门有权对通过投资者服务中心提交的投资申请进行审查，确保符合投资法规定的申请受理条件。主管机关应在全部合规文件提交之日起60天内对投资申请做出决定。

无论何种情形，应在上述两款规定的时间届满后7天内，将批准或拒绝的决定以能获取收件人签收信息的方式通知投资者和总局。相对人对于拒绝的决定可向依照投资法第83条所规定的委员会进行复议。

主管部门在规定的期限内对批准或不予批准未予答复的，视为接受投资者的申请并由总局执行局长使用为此准备的格式函签发批准决定并正式告知主管部门，该批准决定本身具有法律效力。除投资法另有规定并知会总局外，主管部门不得对投资者进行干预，停止项目建设或直接停止项目活动。

第三节 公司设立—自动化服务—公司清算

第30条

不违反《资本市场法》和《经济特区法》的规定，总局作为唯一主管机关，受理通过投资者服务中心或其分支机构申请的、从事受投资法调整的活动或受《股份公司、股份有限合伙企业和有限责任公司法》调整而设立公司、企业、其他法人组织及设立后事宜。

总局在受理以上事宜时不受限于其他法律规定的任何程序，同时各行政机关应规范程序配合推进该受理事宜。

第31条

各类型公司须具备发起协议和公司章程，该协议和章程（范本）由主管部长决定发布；同时公司须获得营业执照，执照所载明内容由总局执行局长的决定予以确认。实体企业应获得标准化设立证书，该证书内容由总局执行局长的决定予以确认。公司和企业均应进行商业登记。

在总局签发上述执照或证书后，各主管机关、银行，以及相关行政部门，根据具体情形，均应视其为业务办理中的官方文件。

第32条

有意设立公司者须遵循下列步骤：

32.1 在总局门户网站创建一个账户，通过该账户来获得公司设立的电子化服务；

32.2 填写公司设立表格以确定公司法定形式和公司章程，提供各种必要信息和材料以便总局受理；

32.3 在线提交公司设立申请，以及有需要时完成各种修改；

32.4 通过网络向受理公司设立及设立后续事宜的有关部门一次性交纳设立费用；

32.5 所有表格进行电子签名。

在递交公司设立申请时总局对公司名称进行核名。

第 33 条

除了申请公司设立时必须获得项目前置审批的情形外，设立申请人根据不同的公司类型，应在申请设立时附带必要的材料供审查，特别是以下材料：

33.1 投资公司

33.1.1 递交一份存入法定比例（注册资本）的证明，该证明可由获批从事该项业务的任一银行出具；

33.1.2 发起人，董事会成员，经理或合伙人的身份证明复印件；

33.1.3 设立公司的委托授权书复印件；

33.1.4 如公司发起人或董事会成员为公务员、国有或公共事务公司的雇员，则应提交主管部门的许可文件。

33.2 个人或合伙企业

33.2.1 依不同情形，提交企业主或合伙人身份证明复印件；

33.2.2 依不同情形，提交设立企业的委托授权书复印件；

33.2.3 提交普通合伙人或其代理人，非合伙负责人，或企业主，一份其非公务员和国有或公共事务部门雇员的承诺书。

第 34 条

公司设立协议、公司章程及其变更应在总局投资报或其他电子媒体上公示，该费用由当事人承担。

当事人要求该使用外文的，该公示可以使用外文，由当事人对此负责。

总局理事会有权制订变更设立协议和公司章程程序上的条件和原则。

第35条

总局执行局长应给投资项目签发一个设立执照，包括该执照的任何变更。该执照应包含以下信息：

35.1 全国统一号码，按国际标准执行，不论该公司或企业的法人形式，同时还包含一个获准活动代码。但须考虑如何整合公司和企业的统计数据，以及开发一个他们的统一号码系统；

35.2 项目名称、投资活动、地理位置；

35.3 项目投资成本和开展活动的批文；

35.4 负责管理公司的经理或者执行董事的姓名、简历；

35.5 投资项目所享受的鼓励体系、何种优惠、有效期限；

35.6 项目的法人；

35.7 项目法定资本、发行资本、实缴资本；

35.8 总部及活动开展地。

第36条

36.1 公司设立时的资本可用任何易于兑换的自由货币，须满足以下两个条件：

36.1.1 股份公司或股份有限合伙企业已使用自由兑换货币将法定认缴资本金存入在埃及央行注册的任一银行所开立的外币账户中；

36.1.2 其他法人公司，已使用自由兑换货币将资本金全额存入在埃及央行注册的任一银行所开立的外币账户中。

任何情况下，存入的货币须和投资者或其代理人明确在投资申请中的货币币种一致；同时与上市公司公布其财务报表的法定义务不抵触，上述公司也有义务按照埃及财会标准，以设立时相同的币种编制财务报表。

36.2 现有公司可根据下列准则，申请将冠名的资本金由埃及镑转换成易于兑换的任意自由货币：

36.2.1 由临时股东大会或合伙人会议按照公司章程或设立协议中规定的多数表决方式通过将其冠名资本转换为外币形式；

36.2.2 转换前的公司已发行资本不得少于 2.5 亿埃及镑且已全部认缴；

36.2.3 根据埃及央行所公布的、临时股东大会表决通过冠名资本转换的当日汇率进行货币转换，自该日期始，120 天内完成后续程序；

36.2.4 在该转换前，提交一份确认发起人、股东或合伙人在公司设立时已使用自境外汇入的、由自由货币兑换而来的资金全额认缴公司资本的证明；同时在转换前，提交一份确认股东已使用自境外汇入的、由外币兑换来的资金或者公司利润全部认缴剩余公司发行资本的证明；

36.2.5 按照埃及财会标准，按已转换货币币种重新编制转换前上一年度公司财务报表；

36.2.6 公司须以该转换货币币种编制、公布财务报表。

在公司法人变更、兼并、分立，从自由贸易区制度转化为国内投资制度或相反情形时，凡导致新公司资本转换成自由货币，不论其是否是新的法人，由兼并而来的合并后公司，还是由自由贸易区制度转化为国内投资制度或相反情形的公司，一律适用上述准则。

第 37 条

总局应为公司或企业，不论哪种法人形式，通过电子网络或其他必要的技术手段为受理其设立及设立后事宜建立一套包括各种必备的数据、模版、单据在内的自动化、标准化系统，并保障该系统在互联网上安全访问。

总局可使该系统应用在手机或平板电脑上，一旦被激活即可使用。

该系统是其他各部门嵌入界面的唯一系统。

第 38 条

各主管机关应建立科技的、信息系统的基础设施，以及对现有电子数据库进行升级，以实现数据通过电子系统安全地交换和集中，从而使总局提供在公司设立和设立后各个阶段的服务。

经与各有关部长协调后，主管部长在其管辖范围内尽职采取必要措施激活电子服务系统，将其系统和数据库链接到总局的电子服务系统和数据库，以及落实后续调配职责。

各主管机关应将全部文件、模版，以及与受理相关的数据提供给总局。

各主管机关在落实调配过程中，其派驻总局的代表在坐席处可通过总局的电子系统端口履行受理工作。

不得违背投资法第50条的规定，各主管机关应接受法律规定的各种税费款项的电子支付。

第39条

受投资法和股份公司、股份有限合伙企业和有限责任公司法调整的公司自愿清算须遵循下列程序：

39.1 任命清算人，以及在商业登记机关进行清算人备案。

清算人的任命由合伙人会议或公司股东大会决议做出，根据不同情形，在商业登记机关进行清算人备案包括清算人的工作范围、期限，此外在公司名称中增加"清算中"字样。

总局应自公司在商业登记机关清算备案之日起一周内，通过投资报和一份广泛发行的日报或者其他任何电子媒体予以公告，公告费用由该清算中公司承担，公告应包括以下内容：

（1）清算人姓名、任务简述、清算期限；

（2）公司名词中加入"清算中"字样；

（3）清算人开始接受附带支撑材料的债权申报日期，但该日期须在公告之日起一个月之后。

同时告知各主管行政机关该公司处于清算中，各主管行政机关应自被告知之日起120天内将清算中公司应给付财政债务或一定行为通知总局和清算人，或者自清算人提请上述给付义务之日起120天内给予答复；逾期未通告上述债务的应视为免除清算中公司的该项债务，但不妨碍追究发布虚假声明责任人或造成逾期对申请未予答复人员的刑事责任或纪律处分。

39.2 清算完成。

清算人应向总局提交一份合伙人会议或股东大会会议记录，该记录应包含依照设立协议或者公司章程规定的多数表决方式通过的、由清算人起草的对清算工作结果的报告，并附带以下材料：

（1）清算表，由清算人批准、按照公认的编制财务报表所依据的埃及财会原则和标准制作；

（2）一份清算完成确认书，由清算人针对其完成的清算工作（包括清理公司债务）分配清算结余（在还有剩余财产情况下）给合伙人和股东的确认书。

（3）确认公告证明；

（4）一份清算责任确认书，确认由清算人与合伙人（或股东）对清算工作负责。

经清算人申请（该申请须经合伙人会议或股东大会通过），就公司从商业登记机关注销事宜，总局应向清算人发出一份致商业登记机关的函件，针对公司的清算给予批准，责任由清算人自行承担。

主管商业登记的机关收到总局批准清算的函件即刻注销该公司的商业登记。

第四节 前置审批和单一批准文件

第40条

总局在国家经济发展方针框架下在将用于投资活动的储备用地划拨给投资者之前，对在该用地上举办投资活动所必需的（前置）批准文件、许可证书或营业执照进行换证。

各有关机关应自总局提出换发（前置）批准文件、许可证书或营业执照之日起最长60天内将该（前置）批准文件、许可证书或营业执照提供给总局。

总局应公示用于投资的土地的批准文件，这个批准文件是举办投资活动所必需的，许可证书或营业执照；接收投资者的申请，但须在完成土地划拨过程中，向投资者代收各主管部门发放批准文件、许可证书或营业执照的税费及其他费用。

无论何种情形，投资者都应为投产或启动经营活动，视具体情况换发批准文件、许可证书或营业执照；同时为按时开展活动须按照向总局提交的进度表并严格执行。

第 41 条

经主管部长与相关部长共同提出，由内阁依据国家经济发展方针以决议的形式发布战略性项目和国家级项目的认定条件并定期考察是否对该条件进行修正和更新。

第 42 条

申请人申请投资法第 20 条所规定的单一批准文件须满足以下条件：

42.1 根据投资法规定，采用埃及股份公司的形式，其发行资本不得少于项目投资成本的 50%；

42.2 提交一个由获准执业的国内或国际知名专家编制的总体规划；

42.3 提交一份项目实施进度表；

42.4 具备各种基础设施（道路、供水、排水、电力、通信、垃圾处理）；

42.5 提交一份确认书，确认遵守相关法律法规规定的与公司活动有关的规范和条件。

第 43 条

根据国家经济发展方针为致力于实现可持续发展，举办的战略性项目或国家级项目，或者是私人与国家、国有部门、公共事业部门之间在公共设施、基础设施、新能源或可再生能源、交通道路、港口、通信、信息技术等领域的合作项目的公司应向总局申请单一批准文件；总局对该种申请进行研究并确保符合前条规定的各种规范和条件。

经与有关部长达成一致，主管投资事务部长应将该公司申请呈报到内阁，由内阁决议发放给该公司举办项目，运营和管理项目的单一批准文件，其中包含建筑许可，划拨给项目的必要不动产等。该单一批准文件自动生效无须再经其他程序。

总局负责就公司开展活动事宜与各主管机关协调，各主管机关应对涉及公司活动的各项程序给予便利化。

第五节　为投资划拨不动产

第44条

持有不动产的行政机关与各主管机关和国家国有土地使用规划中心协调后，向总局提交所有归其持有并可用于投资的不动产详细地图，此外还应提交一个完整数据库，包括地理位置、面积、规定的建筑条件、评估价格、附属设施情况、与土地自然属性事宜的投资活动、土地处分方式等内容。

总局为制定投资路线图可以要求不动产持有机关或其他部门补强信息；同时上述机关或部门应每六个月更新数据库或者按总局要求随时更新。

总局与各不动产持有机关共同协作建立为允许加速的、与可用于投资的不动产有关的数据和信息进行交换的、和总局电子链接的基础设施。

由主管投资事务部长与不动产持有机关协调后呈报，经内阁批准后共和国总统签发决定，将部分国有或其他公共法人占有的不动产所有权、管辖权、监督权，在贯彻执行最高投资委员会决定的投资方针需要时，从持有的行政机关转移到总局；但总局须根据投资法，以及本实施条例的规定进行处分。

第45条

投资路线图包括确定投资类型、制度、条件，地理区域，行业部门，划定国有和其他公共法人所有的、用于投资的不动产及其依据不同投资制度对不动产处置策略和方式。

总局应与各相关国家机关通力协作起草投资路线图，提供在总局和不动产持有机关之间就该路线图及数据进行交流的电子链接。

投资路线图至少每三年复查一次，依总局提议可在需要时随时复查。

第 46 条

依据投资法和本实施条例规定的条款、规范、程序可以为投资目的将国有或其他法人所有的不动产处分给投资者；但须经总局与各主管机关协调后，确认上述不动产没有实质性争议，并且兼顾国家投资方针，考察投资项目规模、项目活动属性，以及投资者的投入资金。

该种处分行为不适用招投标法，但投资法另有规定的除外，且（在例外适用招投标法情形下）不得与投资法规定相冲突。

不动产持有机关和总局就涉及投资路线图列出的不动产进行交易的应在 3 个工作日内相互通报。不动产交易一旦经附带全部必要材料的正式申请即视为重大交易。

只要批准投资项目的主管机关履行完成对投资者的职责，投资者就应遵守为实施该获批项目而提交的进度表。除非经主管机关书面同意，不论是直接做出还是通过其驻投资服务中心代表，投资者不得对投资项目擅自变更，包括变更宗旨、扩大或扩充规模等其他变更行为。

第 47 条

遵守投资法第 37 条的规定，举办或扩大投资项目的必要不动产可采用以下的处分方式：

出售、出租、租售、用益物权许可。

对不动产的处分依投资者的申请或通过由总局发出的要约邀请。前者由投资者以专门为此准备的表格形式提交到总局或其任一分支机构、办事处，表格上注明宗旨、面积、投资者拟举办项目的地区等；后者经总局与主管机关协调后，由总局发出可供投资的投资要约邀请，该模式可通过例如召开会议等各种方法开展。

对由总局发出要约邀请模式处分的不动产，经与主管机关协调后，应通过包括在总局网站上发布等适宜的方式对其进行公示。无论何种情形该公示都应包含不动产的面积、位置、处分方式、界标、价格，投资者应具备的其他必要条件，提交要约的最后期限，以及为实现该公示目的的其他内容等。无论何种方式，提交要约期限自公示之日起不得少于15天。

第48条

根据以下情形和规范，不动产持有机关可以将不动产作为实物出资参股项目公司：

（1）项目公司须采用埃及股份公司的形式；

（2）通过投资法第64条所规定的任一评估机构对实物股份进行评估，但评估报告需经其主管机关批准。

不动产持有机关也可以采用以下方式使用其持有的不动产参股项目：公共部门和私人合作模式；长期用益物权对价的参股模式；建设—运营—移交模式；建设—所有—运营—移交模式；以项目收益比例参股模式。

无论何种情形，以上述任何模式参与投资项目的，须经内阁批准。

参股公告须说明参股模式、不动产性质、拟在该不动产上举办项目的类型。

以不动产参股的方式通过经由总局与不动产持有机关协调后发布的公告或者要约邀请进行。

第49条

仅为发展之目的且应依据投资路线图，在由主管部长和相关部长联合提议、经内阁批准后总统发布命令所确定的区域内，其国有或其他公共法人所有的不动产可无偿处分给具备由总理决定所规定的技术和资金条件的投资者。依据以下规范，投资者应在公示之日起15个工作日内以能获取签收人信息的挂号信形式向不动产持有机关提交不超过项目投资成本5%的现金保函或等值替代保证以担保其具备此事项的技术和现金条件：

——对生产制造活动，提交不超过项目投资成本1%的现金保函或等值替代保证；

——对服务类活动，提交不超过项目投资成本2%的现金保函或等值替代保证；

——对仓储类活动，提交不超过项目投资成本 5% 的现金保函或等值替代保证。

该保函按照适应其担保属性的方式、以可核对申请编号、开具日期的官方票据形式存入（出具给）不动产持有机关，且该保函金额不计利息收益；同时也可以接受境外付款人银行开具的背书承兑任一埃及注册银行托收的承兑汇票。

在投资者符合处分不动产条件的情形下，该保函在生产制造活动型项目实际开工或其他类型项目营业之日起三年后予以返还。

在保函协议因归咎于投资者原因未能订立的，则无须经其他司法程序，在扣除总局或相关行政机关产生的行政开支后，该保函予以退还。

第 50 条

下列任一情形属于投资法第 63 条所指的投资竞争情形：

——按单个企业活动类型，申请划拨的数量多于申请时可划拨地块的供应数量；

——申请划拨的数量多于公示项目或批文的数量；

——投资性质和规模相似的项目大于投资目标区域可供面积。

第 51 条

在投资者竞相申请举办投资项目所必需的不动产时，不论形式是出售、出租、租售还是用益物权许可，其中满足投资所必要的技术和资金条件者享有优先权，依照其与不动产持有机关就此达成的共识，采用评分制，包括以下原则：

（1）项目的技术规格，尤其是所使用的技术和其现代化程度；

（2）过往经验或世界声誉；

（3）项目的创汇能力，不论是其向国外出口产品还是供应替代国外进口的国产产品；

（4）项目预计投资成本；

（5）报价金额及支付方式。

使用该评分制难以从投资者中选取，则给报价最高者优先权。

无论何种情形，公示中须列明给予优先权所依据的原则。

第 52 条

申请对不动产售价、租金、用益物权对价进行评估的，可向规定在投资法第 64 条的任一行政机关提出，该申请应包括能使评估机关完成评估工作的各种信息，具体依下列标准：

（1）周边不动产价格；

（2）准备不动产交付和运转必要基础设施的费用，以及关键公用设施的具体程度；

（3）将要在该土地和不动产举办的投资活动；

（4）各主管行政机关在评估过程中需考虑的其他技术因素。

第 53 条

除因经济变故影响到对售价、租金、用益物权对价的评估外，该评估有效期自上交到总局和持有不动产的行政机关之日起一年，评估机关有权收取不超过评估对象土地价值 0.05%、最高十万埃及镑的评估费。该评估费在完成划拨程序时，支付给持有该不动产的行政机关。

第 54 条

相关不动产持有机关应自收到投资者提交的处分不动产的申请之日或公告接受投资者申请规定期限届满之日起（视具体情形）一周内对投资人提交的申请进行研究，提交给总局其技术性意见（形式审查）并明确说明做出接受或拒绝决定所依据的理由。

第 55 条

自收到不动产持有机关技术性意见之日起 30 天内，依据投资法第 65 条组成的委员会应研究投资者提交的为此专备格式的申请，以便核实其满足由总局和不动产持有机关协调后预先规定的技术及资金条件的程度（实质性审查）。该委员会意见最终由总局执行局长决定是否批准，但该决定须告知相关不动产持有机关和投资者，包括（决定批准的）告知其完成合同订立的必要程序；告知投资者的方式采用能获取签收人信息的挂号信方式或者采用在受理投资者申请时双方商定的其他送达方式，例如投资者确定采用在专备格式的划拨不动产申请上的电子邮件形式。

除上述通信方式外，获得划拨批准的投资者姓名应在总局网站上公布。

视不同情形，根据总局可用的支付方式和程序，总局为相关不动产持有机关代收出售不动产款项、租金、用益物权对价款。本实施条例生效之日起30天内，总局理事会决定涉及受理不动产处分事宜应收取的费用。

第56条

一个由总局执行局长下令组成的由总局一位专家主持、相关行政机关代表为成员的委员会负责撰写和起草以不同方式处分不动产的合同范本底稿。

总局执行局长将该范本或对其任何的修订提交到总局理事会审批，以供呈报内阁批准。该范本作为投资者一方和负责处分不动产的机关一方订立合同的基准。

第57条

按照《投资法》规定，投资者应贯彻处分给其不动产的目的，规定在合同中的该处分目的除经不动产持有机关书面许可外不得改变。在不动产据其属性和位置允许处分目的的变更的情形下，应在投产或营业之日起经过一年且获得各有关机关对此变更的许可，投资者还须另外支付不低于获得该不动产时支付价款与申请该变更时市场价格差价的一半。

有关机关对投资者的变更申请，不论是接受或是拒绝（包括接受或拒绝的理由）应自申请提交之日起30天内给予答复并告知总局和投资者；如在规定期限内未做出答复则视为主管行政机关拒绝该申请。

投资者有权就该决定向依照投资法第83条设立的委员会进行复议。

第58条

除获得总局理事会批准外，各有关行政机关不得解除和投资人签订的合同；总局执行局长应向总局理事会提交投资法第67条所规定的跟踪报告，该报告应包括详述投资者违反的各项义务并说明该种违反情形是否属于《投资法》第67条所规定的各种情形，同时该报告应附各种支撑材料。

在此情形下，总局理事会应自收到跟踪报告之日起30天内批准有关行政机关解除合同或者因不满足解除理由予以驳回。在被驳回的情形下，如有关行政机关坚持解除则应自被驳回之日起15天内向投资法第88条规定的投资合同争议解决部级委员会提出复议，否则视为该有关行政机关不再坚持其跟踪报告上的解除理由。投资合同争议解决部级委员会在60天内对该争议做出裁决。

第59条

在适用《投资法》第67条规定时，投资者无故未能履行下列事项视为导致合同解除的实质性违约：

（1）以分期付款方式支付不动产价款或用益物权对价款的，未在合同规定期限内缴纳，经发出付款警告后仍拒绝缴纳的；

（2）拒绝拆除与规定在合同条款中获批投资项目规范和施工图纸相抵触的建筑物的；

（3）生产型项目或其他类型项目未在合同规定期限或未遵守进度表投产、营业的；

由总局执行局长发出说明理由的决定收回不动产，该决定以能获取签收人信息的挂号信方式告知投资者；投资者有权就此决定依投资法和本实施条例规定的程序提起复议。

第四章　投资性园区，科技园区和自由贸易区

第一节　投资性园区

第60条

总局理事会就有意建立投资性园区一方所提交的申请提出建议、由主管及有关部长共同提交，经总理决定可在不同投资领域设立投资性园区。决定中除了规定与可从事园区活动有关的一般性条件外，还包括园区的地点、坐标、面积，明确声明可从事活动的性质，建立和运营园区的进度表等。经主管部长

提出，总理可决定在园区内增加已明确声明可从事活动以外的其他活动。

每个投资性园区应具备一名开发商，由其按照设立决定书所规定的进度表负责开展建立、管理、发展、招商等工作，否则该决定书视为无效；经总局理事会批准，由总理或其授权人决定就开发商提交的正当理由对建立和运行园区的进度表给予延长。

第61条

有关部长设立投资性园区的申请或者有意设立投资性园区一方的申请，在提交时附带以下材料：

（1）决定建立投资性园区的地点描述，包括该地点的面积、位置、坐标、最新地籍图、土地权属的法律性质；

（2）一份对现有，以及要求进园的公用设施、基础设施要素的说明；一份园区所要求的在其开展不同活动各个阶段对用水量和能源需求量的匡算说明；

（3）园区发展和营销战略，包括园区对计划吸引、招商项目的类型，预估项目数量，园区必要资本，活动不同阶段预计雇佣的工人数量等；

（4）对园区提出的总体规划，包括将提供给投资者的服务；

（5）一份对将要委托建立、发展、管理园区，以及为园区招商的公司说明，包括该公司先前经验、股东资料、资本配置、其他发放许可证书机关的基本资料；

（6）提出的建立和运行园区的进度表；

（7）一份关于遵守阿拉伯埃及共和国现行的各种环境、健康标准，人防要求，职业健康和安全，以及遵守园区建立决定书上各种条件的确认书；

（8）计划与有意投资园区者订立合同的范本，包括投资者遵守前款各项标准和条件，遵守总局理事会为管理运营投资性园区制定的各项规章、原则和条令，以及遵守在一定期限内未能利用土地而被收回的条款等。

第62条

由总局执行局长决定在总局内组建一个建立投资性园区批文申请研究委

员会，该委员会的成员除来自财政部和投资性园区所在辖区不动产持有机关各一名代表外，其余由主管计划在园区内从事主要活动的各行政部门代表组成。委员会主要负责研究申请和获取主管园区内主要活动的行政部门批文，此外还涉及国防部、国家国有土地使用规划中心、古迹最高委员会、环境总局、民用航空总局的批文。委员会按照总局理事会制定的规范和标准给出对申请的意见并将其提交到总局理事会，说明接受或拒绝的理由。总局理事会在考虑委员会的意见后做出决定。在申请被接受的情形下，总局主管部长联合有关部长提交到总理处，由总理发布决定批准设立该投资性园区。

第63条

每个投资性园区均可设立理事会，任期三年，由主管部长和与园区活动相关部长协商一致后决定。

理事会成员除来自获准开发园区一方、投资者一方一名或数名代表，一名或数名专家，项目支持和资助方代表外还应包括批准在园区内开展主要活动的有关部门代表，不动产持有机关代表和财政部代表，以及主管部长和有关部长认为任何应进入理事会的其他方面代表。

第64条

投资性园区理事会专门制定工作方针、开展活动必要的条件和标准及其规范事宜，此须经总局理事会批准，尤其是在以下方面：

（1）不违反建设法的规定，制订园区一般性和特殊性规划及园区建设的条件、标准和原则，包括使投资性园区具有国际化标准和规格，以及促进发展园区竞争力；

（2）制订获得在园区内举办工业、服务业、商业等其他活动项目批文的合规条件及标准，以及相应的中止、注销情形；但各项不得违反规定在其他法律发放批文中既定的实体条款；

（3）与有关部门协作，制订获得环境、职业安全和健康、人防等批文的合规条件及标准，但不得少于特定法律对此所规定的条款；

（4）根据总局理事会核准的条件和标准，批准园区项目；

（5）通过园区执行办公室颁发许可证照，尤其是建设、管理公用设施和基础设施项目，以及对投资性园区内其他项目的各种许可；

（6）与各有关部门协调，解决投资性园区开发商及投资者面临的各种障碍，不论这些障碍来自园区内部还是外部；

（7）跟踪投资性园区，以及园区内动工项目进展状况。

在不违背投资性园区设立决定书中所规定的开发商义务的情形下，园区理事会有权批准私企（人）开展园区的发展、管理、营销等业务。

园区理事会可以组建包括其成员在内的，以及由来自总局或园区外部人员组成的委员会，执行有利于投资性园区的特定任务。

第65条

投资性园区理事会须向总局执行局长提交季报，由后者将其上报给总局理事会和相关部长。该季报包括园区进展状况、开发商遵守设立决定书上所规定进度表的程度、园区或区内动工项目可能面临的障碍及就此已采取的措施、园区理事会遵守总局理事会批准的就园区内开展活动规范和标准的程度等。

第66条

园区理事会主席有权批准从事活动的项目许可证书，但该许可证书应包括获准许可的目的、不超过五年的有效期等内容；为满足各主管部门的项目批文条件可以颁发为期一年的临时许可证书，经项目方主动申请可延期一次，期限6个月。除经投资性园区理事会同意，该许可证书不得全部或部分转让；对不予发放许可证书或不同意证书转让的，应给予载明原因的决定书，当事人有权就此决定书向投资法第83条规定的复议委员会提起复议。

在与国家机关办理申请项目审批、获得项目便利化、享受项目优惠时，无须在产业登记簿中登记，该许可证书具有同等法律效力。

未经总局同意，其他任何行政部门不得以任何手段干预根据总理决定书建立的投资性园区及园区内所开展的项目。

第 67 条

投资性园区可设一个纳入总局工作人员的执行办公室，此须经主管部长批准并由总局执行局长发布决定组建。该办公室职能如下：

（1）执行园区理事会依据总局理事会批准的规范和标准涉及为园区内获批举办项目特批各种许可证照的决议，自申请人提交申请许可执照之日起一个月之内办理完毕，在拒绝举办项目申请或不予发放许可执照的情形下须说明拒绝或不予发放的理由；

（2）跟进投资性园区理事会决议的实施，以及与园区内举办项目有关联的各种部门事务往来工作；

（3）负责投资性园区内项目的跟进和监督工作，以查明园区内的活动遵守相应条件、规范和程序的程度。

依据总局理事会制定的标准，执行办公室有权按服务种类对其提供的实际服务向投资者收取费用，尤其是以下内容：①举办项目的许可证书；②颁发建设许可；③发放开展活动营业执照；④经总局理事会决定后其他执行办公室提供的服务。

上述各项费用均不得超过项目投资成本的 0.1%。

投资性园区内开工项目应在每个财政年度的第一个月将所属注册会计师审核的年度投资成本测算提交到执行办公室，以此来缴纳服务费用；在上述期间未予提交的，视为同意按不超过已确定投资成本的 0.1% 缴纳服务费用。

第 68 条

为便于与园区内活动有关的部门依据各自适用的规范和程序发放、更新许可证照，总局执行局长可设一个由执行办公室，以及与上述有关部门组成的，以负责指导、跟进、支持园区项目为职能的委员会。

第 69 条

经主管部长和有关部长联合提议，总理可决定撤销就开发商为此申请的、明确说明理由的投资性园区设立决定书。但该提议应包括以下内容：

（1）投资性园区理事会同意该撤销；

（2）开发商应向总局缴纳的至撤销之日园区内开工项目的全部费用；

（3）撤销投资性园区决定书发布后应将该决定书通知各有关部门。

除经申请撤销外，在总局认为投资性园区消极怠工，未按获准活动经营或者没有产生效益的，经总局理事会批准后，由主管部长和有关部长联合提交，总理也可决定撤销该投资性园区。

第二节 科技园区

第 70 条

根据总局理事会意见并经与通信和信息技术事务有关部长的请求，总理可决定设立科技园区。

该决定书应包括园区位置、坐标、面积，园区内获准开展活动的属性，建设与运行进度表，以及总局理事会认为应对特别是园区内获准开展项目附加的其他条件，包括对制造业、电子设计和开发、数据中心、服务外包、软件开发、科技教育等其他关联或互补的活动项目。

经主管部长和与通信和信息技术事务有关部长共同提起，总理可决定增加获准进入园区的其他活动。

每个科技园区应具备一名开发商，由其根据设立决定书规定的进度表负责开展建设、管理、发展、营销等工作，否则该决定书视为无效。经总局理事会批准，由总理或其授权人决定就开发商提交的正当理由对建立和运行园区的进度表给予延长。

第 71 条

本条例第 66、第 67 条同样适用于科技园区。

对经批准在科技园区内从事的活动项目所必需的机器、设备、工具、装备免征关税及其他各项税，依照财政部长规定的通关程序予以放行。

直至完成项目建立，其进口的机器、设备、工具、装备，不论是否分批，都视为包括各种零部件在内的整条生产线。

项目方对依据本条规定进口的上述机器、设备、工具、装备负完全责任，在进入开展活动的许可流程之前提交该机器、设备、工具、装备的一切险保单。

项目方应每年对上述机器、设备等进行盘点；此机器、设备的进口发票由园区执行办公室依据总局理事会制定的规范进行核准。

第 72 条

每个科技园区均可设立理事会，任期三年，由主管部长和与通信和信息技术事务有关部长协商一致后决定。

理事会成员除来自获准开发园区一方、投资者一方一名或数名代表，一名或数名专家，项目支持和资助方代表外还应包括批准在园区内开展活动的有关部门代表，不动产持有机关代表和财政部代表，以及主管部长和与通信和信息技术事务有关部长一致认定的任何应进入理事会的其他方面代表。

第 73 条

科技园区理事会有权发布各种决定、采取各种必要措施来管理园区，以及制订工作方针、批准项目设立等，尤其是在以下方面：

（1）不违反《建设法》的规定，制订园区一般性和特殊性规划及园区建设的条件、标准和原则，包括使投资性园区具有国际化标准和规格，以及促进发展园区竞争力；

（2）制订获得在园区内举办项目批文的合规条件及标准，以及相应的中止、注销情形；

（3）与有关部门协作，制订获得环境、职业安全和健康、人防等批文的合规条件及标准，但不得少于特定法律对此所规定的条款；

（4）根据总局理事会核准的条件和标准，批准园区项目；

（5）颁发建设、管理公用设施和基础设施项目的许可证照，以及对科技园区内其他项目的各种许可；

（6）与各有关部门协调，解决科技园区开发商及投资者面临的各种障碍，不论这些障碍来自园区内部还是外部；

（7）跟踪科技园区，以及园区内动工项目进展状况。

科技园区理事会须向总局理事会提交季报；该季报包括园区进展状况、开发商遵守设立决定书上所规定进度表的程度、园区或区内动工项目可能面临的障碍及就此已采取的措施、园区理事会遵守总局理事会批准的就园区内开展活动规范和标准的程度等。

第三节 自由贸易区

第 74 条

总局设立一个自由贸易区事务常设技术委员会，其组成和权限由总局执行局长决定后发布。该委员会负责审查所受理的事务，特别是以下内容：

（1）向总局理事会提交的针对自由贸易区所适用政策的建议；

（2）对设立公共自由贸易区项目申请的研究；

（3）在提交到主管（公共或私人）贸易区理事会之前对公司章程、法人的变更，经营期限、获批开展活动期限的延长等事项进行审批；

（4）对自由贸易区项目所面临问题、如何克服困难的建议，从而保证总局实施鼓励和吸引投资的政策。

委员会应每周召开例会，其决定应自做出之日起 3 日内通过各主管理事会下达到投资者。

第 75 条

根据主管部长提议内阁可决定批准设立私人自由贸易区。

有关私人自由贸易区颁发项目开展活动的许可证照，以及项目证照更新、变更的程序事宜由总局理事会决议确定后公布。

由主管自由贸易区理事会主席做出决定发放开展项目，以及项目地点的营业执照，但该执照应包括项目宗旨、限期、经营范围、可能应付总局款项的保证金等内容；理事会主席专门负责对该执照更新、变更事宜的审查。

第 76 条

依据下列条件和规范批准设立私人自由贸易区项目：

（1）公共自由贸易区内无适宜项目活动的地点且所在私人贸易区的地点构成影响项目经济性的因素。不得在居民区、住宅地产内，或者在已获如免税市场、保税仓库等其他海关制度许可的地区批准设立新的私人自由贸易区项目；

（2）项目采用股份公司或有限责任公司的形式；

（3）项目发行资本不得少于1000万美元且投资成本不得少于2000万美元或其他等值自由流通货币；

（4）工业项目固定用工不得少于500名；对于一些特别重要的战略性项目其活动属性不要求大量用工规模的，可不受此限制；

（5）项目面积不得少于2万平方米；

（6）本土化率不低于30%；

（7）出口到国外的比例不低于80%；特别重要的战略性项目不受此限制；

（8）私人自由贸易区项目应依照埃及法规或主管工业的部长发布的有关工业企业的规章，遵守安全生产、人防及防火规定；同时工业企业应采用瞭望塔、监控摄像头、聘用安全局或港口安全局人员等方式保证厂区及周边安全，此费用由项目自行承担；

（9）总局应跟进私人自由贸易区项目活动的开展，以确保其经营良好、确认其程序健全。但主管贸易区行政部门应负责向贸易区理事会定期递交报告，查明项目是否在私人自由贸易区制度下持续经营。各私人自由贸易区项目应在总局跟进检查期间提供所有账簿和票据备查，同时总局可寻求有关机关人员协助此工作。一旦发现投资者怠于项目实施，即自项目设立决定书通知之日起经过6个月未进入公司组建程序的、未提交工程图纸的、未获得有关部门设立项目必要批文的、未制作项目启动运行进度表的，则将丧失项目的最终批准；当事方有正当理由的，经自由贸易区理事会评估后可对上述期限给予一次或多次延长。

第77条

适用自由贸易区制度的活动应依照由主管公共自由贸易区理事会颁发的

营业执照所载明内容开展，此须经自由贸易区事务常设技术委员会在对项目设立申请进行研究并对此发表意见后确定。

第78条

公共自由贸易区内项目举办的最终批准、撤销权归属于贸易区理事会，由贸易区理事会主席依据总局理事会规定的原则决定签发开展活动的营业执照。该执照应包含获批项目宗旨、有效期、场所范围、获批项目应付对价保证金类型及数额等内容。保证金不超过投资成本的2%，交纳依据如下：

（1）制造、装配项目，交纳项目投资成本的1%，最高7.5万美元或其他等值自由流通货币；

（2）仓储项目或不需要商品进出口的项目，交纳项目投资成本的2%，最高12.5万美元或其他等值自由流通货币。

保证金数额应每三年重新计算，计算依据为提交给主管自由贸易区的最新财务报表和决算账目列出的投资成本；或在项目方提出投资成本变化申请的情况下重新计算。

第79条

总局负责评估自由贸易区内项目资本的本金、贴现、实物出资份额及增资，或在项目兼并、公司类型变更为基金公司时进行上述评估。自由贸易区运行规章应规定评估的所有程序、应提交的必要文件、对评估异议的处理方式、评估委员会费用等。

第80条：

贸易区行政部门应向投资者公布空地面积和对其投资机会；投资者在为此专备的表格上列明其拟举办项目的宗旨和面积并向贸易区行政部门申请。依以下原则划拨不动产：

（1）项目的宗旨（投资活动的属性）；

（2）项目资本和投资成本；

（3）目标用工规划；

（4）批准所要求面积和拟开展活动类型的适宜程度。

第 81 条

贸易区行政部门应将已获前置审批的投资项目申请提交到理事会开展受理工作，同时项目方须支付用益物权对价的 10% 最少 1000 美元的诚意预付金。该预付金额在交付土地时予以抵扣；在归于项目方原因未能履行时，则该预付金不予返还。贸易区理事会决议须经总局执行局长核准。

第 82 条

投资者应自告知其同意项目设立之日起 30 天内至贸易区行政部门办理接收划拨的土地事宜，以及在支付规定的不同类别用益物权对价款后签署划拨备忘录、用益物权合同；划拨备忘录签署及土地接收之日即视为领受契据。

投资方未在上述期限内就土地接收事宜前来总局的，除提交贸易区理事会认可的合理理由外，该同意项目设立的批准证照无效。

持证人应自签署接收备忘录之日起 90 天内依照其提交的进度表适用此特别法律程序设立项目和进入项目实施阶段，否则该批准证照予以撤销；投资者或其代理人提交正当理由的，贸易区理事会经评估后可以将该期限延长一次。

由总局理事会确定用益物权对价年度费率，依据各公共自由贸易区活动属性和经济需要，以划拨给项目土地的平方米为单位计算；必要时，总局理事会可重新审议该费率。

第 83 条

总局执行局长在必要时并经总局理事会同意后批准完善和发展非总局享有所有权的公共自由贸易区基础设施作业，但该笔花费应从收取在享有所有权机关的土地上建立项目的用益物权对价款中抵扣并返还总局，依照以下规范：

（1）根据总局享有所有权的自由贸易区现行原则并参照每个区各自对开发作业所进行的研究，由总局负责编制完善和发展基础设施作业的必要标准、确定花费、返还花费的方式和期限；

（2）须经非总局享有所有权的公共自由贸易区理事会批准，总局依据确定的金额和付款方式实施所需作业的项目。

第 84 条

获批项目不得越划拨区域活动，不得越线存放商品、屯放垃圾、建设建筑物或设施，保持公共自由贸易内文明外观。如有违反，行为人应在贸易区行政部门规定的时限内予以消除；未予消除的，贸易区予以消除，费用由该行为人承担；同时行为人须按仓储类标准支付对未获得许可证照占用土地面积的双倍对价，区理事会就行为人提交正当理由予以免除的除外。

如上述越线占用行为再次发生，区理事会有权加倍收取土地占用对价。行为人应支付双倍对价，但不妨碍其要求赔偿的权利。

任何项目不得在已划拨给其他项目用地范围内开展活动，一旦违反，土地所有权人按该项目活动占用土地面积收取双倍对价，同时收取该项目承租转租土地产生的租金，此须依由总局理事会确定的原则执行。

第 85 条

在许可证照撤销或者项目注销时，项目方应将划拨场地以光地的形式交还区行政部门。如场地上存在建筑、设施或其他地上附着物，项目方应在区理事会确定的期限内自行予以清除，该期限自以能获取签收信息的挂号信方式下达之日起不得超过 6 个月。在此期限内经总局同意，项目方可以转让包括建筑和设施在内的场地给其他现有或新设项目，同时总局有权收取该场地上建筑和设施转让价格的 1% 的费用，该价格须经总局评估。

项目方也可将地上建筑和设施转让区行政部门，在扣除其中前款总局所收取的转让比例或其他应付总局款项后，转让款划入总局为项目方设立的账户；该款的前提条件是项目方在上述期限内已将各种商品和地上附着物等一切物质清除完毕。

项目方未遵守前两款规定的，区理事会将发布行政清场决定并收回场地。对场地上存有商品或地上附着物的，区行政部门和海关予以清查、盘存，转交海关部门依《海关法》弃货处理规定予以暂时留存或者变卖，同时将所得存入总局为投资人设立的账户中。

第 86 条

货物适用自由贸易区制度进口的须在提单中列明，同时在海运或空运提单，以及发票上写明是以自由贸易区名义的进口货物。

如货物进口是以项目方名义，不论是自主进口还是通过第三方代理，在该项目方或代理未在国内开展业务的条件下，区行政部门可对项目方不做上述要求。

第 87 条

海关区域内过境货物和以自由贸易区名义进口货物的运输及保险事宜遵循下列程序：

（1）项目方应向主管自由贸易区行政部门递交专备格式的承诺书正副本各一份，承诺货物以自由贸易区名义进口；同时随附海运到货通知一份；

（2）自由贸易区行政部门对承诺书正本予以审批并说明：该项目适用自由贸易区制度，该承诺书所载进口货物属于获批活动所必需物品类别；之后项目方将该获批承诺书递交到主管海关，由其审验运输单据、根据对应的直接过境制度放行货物到自由贸易区，货物运输须通过海运代理并由其负完全责任；

（3）自由贸易区行政部门在货物抵达后应立即进行查验，根据不同情形可采用随机抽样或逐一查验的方式；查验结果须提供给主管海关一份副本，同时将货物交由项目方负责人，货物管控转移，之后由项目方承担完全责任；

（4）获批自由贸易区活动性质需要的，可以在港口海关区域内使用已放行给公共自由贸易区和私人自由贸易区的机械、设备、装备、特种运输工具等（不含乘用车）。

上述类别物品需暂时出离自由贸易区或海关区域进入到内地并返回的，依据由内阁就主管部长和财政部长提议而颁布的决议所规定的保证措施、条件、程序等执行。

第 88 条

以自由贸易区名义进口到区内私人港口货物的运输及保险事宜，遵循下列程序：

（1）船长或机长，以及他们的代理人（海运代理或航空公司办事处）应在船只或飞机到达后 24 小时内向主管海关提交自由贸易区货物申报单；

（2）主管自由贸易区行政部门应通知提单显示的收货人货物抵达并责成其自通知之日起 48 小时内提货；如未按时提货，则区行政部门有权将货物转运到指定地点，由此产生的费用由收货人承担；

（3）项目方将自由贸易区批准的进口承诺书交到海关主管部门进行登记，并附带海运到货通知，履行过境货物规定程序；

（4）海关登记后将承诺书交回区行政部门，并附带提货单据；区行政部门根据不同情形进行监督或详细查验后将货物交付项目方，货物管控转移，由项目方承担完全责任，同时查验结果须提供给海关一份副本。

第 89 条

以内陆自由贸易区名义进口货物的运输和保险事宜遵循下列程序：

（1）当事方须向自由贸易区行政部门提交以下文件：

1.1 按总局专备格式填写以自由贸易区名义进口的承诺书，一正二副；

1.2 货物发票和箱单。

（2）自由贸易区行政部门对承诺书正本予以审批并说明：该项目适用自由贸易区制度，该承诺书所载进口货物属于获批活动所必需物品类别；之后将批准后的承诺书正本和一份副本交还当事方；

（3）当事方须将该承诺书正副本提交海关主管部门，凭海关过境证书办理通关手续，之后将货物运至自由贸易区；

（4）在货物交付时，须提供海关放行申请书、海关主管部门背书"发运到自由贸易区货物过境程序履行完毕"字样的进口承诺书副本以备自由贸易区行政部门完成对货物的查验工作，在当事方在场的情况下区行政部门编写一正二副的查验数据；

（5）放行申请书被核准后，存根联须返还主管海关，并随附查验数据副本一份。

无论何种情形，在货物转运到自由贸易区期间当事方自行承担货物可能发生的损耗、丢失、毁灭等。

第 90 条

经当事方请求，总局应向海关提供一份就货物按海关当局规定应缴海关税费的保函。该保函的保障期间为货物从海关区至自由贸易区、自由贸易区至海关区，以及自由贸易区之间。

总局签发保函时，项目方须提供涉盗抢、毁灭、火灾险的足额保单，同时总局收取保证金额的 0.1% 费用。

第 91 条

经投资者同意，在国家需要提供基本物资的必要情形下，总理批准后由主管部长发布准许海关区域内以自由贸易区名义进口的商品、原材料、设备等直接进入境内，海关予以放行的决定；此情形下须办结所有海关及进口手续并收取应纳海关税费、总局费用等。

第 92 条

禁止自由贸易区内烟草、蜜制烟草、吸入型鼻烟、香烟、雪茄等各种类型烟草制品进入境内。

第 93 条

自由贸易区内建有私人港口的，或自由贸易区建在海关区域内、建于内陆的获批项目对外货运出口时须遵守以下程序：

（1）当事方应提交总局专备格式的出口报关单，一正二副；同时向主管区行政部门提交经其申请后总局开具保函费用已缴的收据、货运发票等以便由区行政部门审批；

（2）一个由海关、区行政部门组成的委员会，在项目方代表在场的情况下，负责验货并核对单货相符；报关单正本确认验讫结果，交由主管海关履行通关手续并由其签发放行许可；

（3）在海关监管下扎紧包装、上铅封并送达到装运港；

（4）装运港海关在附带货品清单的报关单副本背书，注明"出口程序完结"，该关单交于货主方并由其在 15 天内交还区行政部门。

第 94 条

自由贸易区内或自由贸易区之间，为了实现项目获准目的在有需求时可以进行商品贸易。

经有关自由贸易区行政部门批准后该项目间贸易可以在一个公共自由贸易区内进行，或在不同贸易区之间进行。

第 95 条

自由贸易区内获批项目或企业对其商品或产品不论是否在库存时，其数量发生短缺、重量上发生损耗、性质上发生变形等全部自行承担责任，除非该种短缺、损耗、变形等出于品种属性使然，或归因于不可抗力、突发事件等；在商品或产品出现未准许的短溢情形时，依据总局理事会发布的原则和限度清单主管区行政部门可对此征收各项税款、海关税费，以及罚款等。

前款不适用因工业生产环节中通用技术成品率而造成的商品或产品减损。

第 96 条

除禁止性或遭受病虫害的植物、农产品外，商品或产品在自由贸易区内无存放时效限制。

下列情形不适用前款规定，由公共自由贸易区管理部门责令将部分物品、商品、产品等，在扣除相应税款和海关税费后，自行承担费用运出贸易区或出售，或者予以销毁：

（1）由主管总局判定过期存放或对公共健康造成危险的；

（2）如该类型物品存放对区内现有货运造成损害的；

（3）无论何种原因项目或企业活动中止，该类型物品或商品确实在此时间段内不能存放的；

无论何种情形，除项目方或企业拒绝执行在区行政部门规定期限内将该物品运出或销毁的书面命令外，区行政部门不得实施上述措施并由项目方或企业承担费用。

第 97 条

经项目方或企业请求，公共自由贸易区行政部门有权宣布对库存货物或产品予以销毁；该销毁请求提交至区行政管理部门，须明确销毁的合理理由及要求销毁货物和产品的类型、规格、数量、重量、价值、进口时间等。

在对该请求进行研究，以及包括各项原因、数据在内的真实性调查后，由区理事会主席对该请求做出决定；之后由区理事会主席下令组成的一个委员会监督所要销毁的货物或产品并由该委员会制作一份报告，声明确认其所见证的货物或产品被销毁及执行的时间、地点、方式等，从而达到了安全、有保障和未损害公共健康的效果。

在有需要时，可以求助专业技术人员加入监督委员会，以便调查上述销毁请求中数据的真实性并给出处理意见。

第 98 条

对销毁请求的许可中确定要销毁货物和产品的执行时间、地点、方式等；执行过程中需有主管部门代表、项目方或企业代表在场，销毁数量从项目方或企业登记的库存中减除；同时须撰写已执行程序的备忘录。

第 99 条

经当事方书面申请，总局可准许项目方或第三方所有的国内或外国商品、材料、零部件、原料等为维修或进行来料加工从内地临时进入自由贸易区并返回到内地的不适用进口规则；但商品或原料经加工后已转化的，返回国内时则适用进口规则。

申报单应附带一份申请表，包括何种商品或原料、数量、拟进行作业的类型、不论是出于维修还是进行加工生产，其估价、根据通用技术比例在来料加工情形下预估的损耗比例、进入来料加工环节国外原料的种类和价值、作业完毕后撤回该种商品或原料的详细时间表等内容；该申报单正本须经主管贸易区行政部门审批并留存副本。

同时该申请表应附带项目方承诺：在维修、加工后该原料或商品由自由贸易区返回内地；如选择将其出口到境外则履行海关、出口、结汇等手续。

总局应自单据齐全和履行必要查验之日起3日内对当事方申请做出决定。

第100条

在完成维修和来料加工后出自由贸易区返回内地的申请由当事方提交到总局，说明所进行的作业，以及其价格、作业过程中所使用的外国原料的价格及完工时间、加工后商品样态等内容，同时随附进入自由贸易区申请书副本一份、该种原料或商品属于被许可进入区内的申报单、维修或来料加工费用的发票；该出自由贸易区申报单正本由去行政部门审批并留存副本。

第101条

前条规定的原料或商品，在货主方在场的情况下，由自由贸易区行政部门和海关共同组成的一个委员会进行查验，以便调查数据的真实性，以及是否单货相符，在支付税款、缴纳关税后，发放该原料或商品的通关单；项目方须将获批的正本申报单提交到主管海关以便履行必要的海关手续，同时项目方留存副本在原料或商品返回内地时连同各种单据一并提交到海关；该原料或商品交付至项目代表，由其管控并在返回国内前承担全部责任。

第102条

公共自由贸易区内获批项目开展维修或来料加工的，须将用于维修作业的商品、材料、零部件、原料等与项目方的仓库分开独立存放；同时与项目方获批的基本活动账目分开独立核算，以便保证展示各自活动的成果。

第103条

经自由贸易区行政部门批准，普通包装、空瓶，以及不适合出口的产品、生产过程中的尾料等可以由自由贸易区进入内陆；由项目方向海关主管部门提交一份经主管自由贸易区行政部门许可的该种物品清单。依据该许可完成通关手续，查验、核对、缴纳应付税款和关税后予以放行。

对于自由贸易区开工项目因生产活动产生的物料、废料、尾料等，除旨在将其进行处置或回收外，不得进入内地。在进入内地时须依照《环境法》规定的安全方式方法，并由当事方承担费用。

第 104 条

自由贸易区项目可使用埃及银行接受的外币向总局缴纳应付款项。

第 105 条

依据《投资法》第 41、第 44 条，按下列方式收取规定税费：

（1）适用于公共自由贸易区内项目：

1.1 对仓储项目，以自由贸易区名义进口商品的到岸价（CIF）或海关核价中两者价高为基准收取 2% 的税费；直供情形下，按采购价格的 2% 收取税费，该直供模式包括商品的买卖操作；

1.2 对制造装配项目，按出口货物 FOB 价格的 1% 收取税费；在自由贸易区内开展的来料加工业务，按加工所得的 1% 收取税费；

1.3 对主要业务活动无须进口或出口货物的项目，按毛收入的 1% 收取税费；对只收取佣金形式的直供情形，按所得佣金的 1% 收取税费；但本款所规定税费半年收取一次，以项目方提交的这一时期的财务报表为收取税费的依据。

（2）适用于私人自由贸易区内项目：

2.1 制造装配项目，按其出口到国外产品所实现总收入的 1% 收取税费，以海关单据所确认的为准；在自由贸易区内的来料加工业务，按加工所得的 1% 收取税费；

2.2 产品销往内地的，按项目总收入的 2% 收取税费，以销售发票为计税依据；

2.3 仓储项目按其所存储产品出口时所实现总收入的 2% 收取税费，以销售发票为计税依据；

2.4 对主要业务活动无须进口或出口货物的项目，按毛收入的 2% 收取税费；直供情形下，按总收入的 2% 收取税费，按本条规定半年收取一次，以项目方提交的这一时期的财务报表为收取税费的依据。

本条第二节所收取的税费每半年由总局和财政部平均分配一次。

直接进入到建有私人港口的自由贸易区的过境商品贸易免征税费，但该免征应在商品终到目的地运单上明示，同时商品复出口到其他国家。

无论何种情形下，到期税费的最终结算根据项目活动的属性，以任一注册会计师审核过的排除上述关联后的财务报表及其附注为依据。

第106条

依照自由贸易区制度开展活动的项目自本财政年度结束之日起90天内应向主管自由贸易区行政部门、财政部及投资部递交经注册会计师审核的财务报表及其附注的副本一份。

主管自由贸易区行政部门有权审查和复查每笔记录在财务报表，以及附注上的条目，并有权要求项目方提交必要的分析材料。

第107条

总局收取自由贸易区项目的服务费。制造装配项目应向总局支付其发行资本的0.05%；仓储类、服务类及获批多项活动的项目支付其发行资本的0.1%，但最多不超过10万埃及镑，并可用自由流通的外币支付。

服务费按年度收取并从第二个公历年开始，第一年自颁发营业证照之日至年度终止视为剩余期限，折合比例计入下一年。

第108条

主管自由贸易区行政部门应在项目设立之前、扣除项目方支付的保证金后向总局支付相应款项。如项目方在收到以能获取收件人签收信息的挂号信形式发出的警告函后15天内未向总局支付相应款项的，项目方应在以能获取收件人签收信息的挂号信形式发出的告知函后15天内完成保证金交纳；如未能完成的，由自由贸易区理事会就该情况自行采取措施。

第109条

投资者应为其建筑物、机械、设备等在获批项目开展活动期间可能发生的意外事故或灾害购买一切险，但须由阿拉伯埃及共和国获准经营的任一保险公司签发保单。

一旦发生保险范围内的事故或灾害，被保建筑物和设施危及财产、人员及周围项目的，自由贸易区理事会有权做出责令项目方拆除该建筑物和设施的具备充分理由的决定，由区行政部门在该决定做出后一周内以能获取签收人信息的挂号信形式通知投资者或其代理人，在必要情况下可缩短该通知期限。

投资者应执行该决定在区行政部门规定的期限内自行拆除；投资者拒绝执行的，区理事会根据未予拆除仍保留该建筑物和设施的严重危害性可中止该项目的活动或予以取缔。

第110条

项目方应每年对其库存进行盘点，此行为须由主管自由贸易区代表和有关部门来人在场。区行政部门有权随时执行盘点，不论是突击全面盘点还是对某种货物的部分盘点；在查明有短溢情况时应详细将其种类、数量、重量记录在案，并注明盘点日期，由项目方代表、自由贸易区代表和由区行政部门请求协助的有关方面代表共同签字。

项目方应向自由贸易区行政部门提供账簿及发票以便执行查验及核对单物相符；货物非合理短溢的，区行政部门应通知海关，由其按照《海关法》规定收取税费、关税及相应罚款。

第111条

项目方违反《投资法》及其《投资法实施条例》、自由贸易区运行规章制度、许可证照条款，以及总局所发布决定的，在总局规定期限内未予消除违反事由的，总局根据违反规定的严重性、违犯情节、对国民经济造成损害的程度等，可在一定期限内中止项目活动或吊销颁发给项目方的许可证照。

第112条

颁发给项目方的许可证照被吊销的，依据自由贸易区运行规章制度所确定的原则项目进入清算程序、终止实体经营。

第113条

获批项目方应和所有进入自由贸易区工作的劳动者签订一式四份的劳动合同，劳资双方各执一份，一份存档于自由贸易区行政部门，一份存档于自由贸易区劳动办公室。如劳动合同以外文书写则存档的两份附阿拉伯语译文。

获批项目方应留存员工刑事犯罪情况的记录和身份证明（身份证或护照）副本并将其提交到自由贸易区行政部门获取员工进入自由贸易区的工作许可。

获批项目方应为其员工办理社会保险，将加入社会保险的申请书连同劳动合同副本一并交到主管的社会保险办公室；同时项目方应向国家社保总局提交一份包括自由贸易区项目员工姓名、工资、入职时间及劳动终止时间等内容的年度清单。

第114条

自由贸易区获批企业员工在涉及工作期间享有必要的社会、医疗保障服务按《劳动法》规定执行，此不妨碍享有企业自身所建立的更好的保障体系。自由贸易区运行规章制度应规定相应的有关项目劳动者事务的章程，但尤其应包括以下方面：

（1）埃及籍员工比例不得低于项目员工总数的80%；

（2）最低工资不得低于本国自由贸易区外最低工资标准；

（3）规定每日工作时间和每周休息时间，但每周工作时间不得超过48小时；

（4）加班时间及应得工资；

（5）项目提供给员工的社会、医疗服务，以及工作期间必要的防护措施。

第115条

总局负责制定安全监管制度以实现对公共自由贸易内人员、项目、企业、商品、货物的安全保障，预防犯罪和配备、维护，特别是消防设施等。

第116条

由总局或主管公共自由贸易区理事会主席根据不同情形对以下人员签发

专属的入区许可：

（1）受理申请后签发给企业主或其代表人与获批开展活动相同期限的入区许可；

（2）经获批在区内开展活动的项目和企业业主申请后签发给其员工的为期一年可续签的入区许可；

（3）总局雇员工作需要进入自由贸易区的入园许可；

（4）因故临时的、非规律性的进入园区人员，依据总局决定发布的规则签发入园许可。

第117条

出现下列情形之一的，入园或居住许可作废：

（1）被许可人被判刑事重罪，或犯有走私、盗窃等罪及其共同犯罪；

（2）被许可人在所供职的项目或企业服务到期或劳动终止；

（3）被许可人在自由贸易区从事的业务中止或到期。

第118条

出现下列情形之一的，吊销入园或居住许可：

（1）被许可人攻击或阻挠任何总局公职人员或司法官员，以及妨害其工作的；

（2）被许可人违反《投资法》，以及《投资法实施条例》规定的，或者违反总局发布的任何规章、决定、指示的。

第119条

拟在公共自由贸易区长期从事个体经营或个人手工作坊的人员应向自由贸易区理事会主席提交申请获取职业许可。

许可发放后须每年交纳5000埃及镑的费用。

被许可从业者须自许可证照发放之日起60天内根据具体情况向总局提交商业登记代码或职业证书号码、在自由贸易区新活动的税卡复印件；上述期限未予提交的，注销该许可证照。

第120条

总局执行局长有权批准将以公共自由贸易区制度建立的项目转为在国内投资制度下运行，这须依据总局理事会制定的条件和程序进行，特别须满足以下条件：

（1）该项目已在自由贸易区制度下开展活动满一年；

（2）对在公共自由贸易区内项目在转换运行制度后须在自由贸易区地理范围之外开展活动；

（3）须支付在自由贸易区制度下开展活动应付总局和其他政府部门的各种费用。

对私人自由贸易区内运行的项目转换为国内投资制度运行的，除可依据上述第（1）条和第（3）条外，还要依据由内阁决定的经主管部长提交的就总局理事会制定的其他条件和程序。

第五章 营造投资环境

第一节 负责投资事务机构

第121条

投资和自由贸易区总局理事会至少每月召开一次会议，由理事会主席召集且出席人数不得少于2/3；理事会的召开可以部分或全部通过某种现代电子通信方式：电话会议、视频电话会议等，在此情形下，出席会议理事应在会议召开后48小时内通过电子邮件、电子签名及其他方式等对会议决议发表意见；如未在上述规定期间未发表意见的，则应视为该理事赞同出席会议纪要。

理事会可由其成员组成一个或多个特定工作委员会。

理事会主席有权在有需要时邀请其认为适合的专家列席会议，但列席专家对理事会做出的决议无表决权。

理事会决议以多数与会成员表决同意的方式通过，在票数相同的情况下，由理事会主席所在一方意见为主。总局执行局长负责执行理事会决议。

第122条

总局理事会可设一个职能秘书处，秘书处由主任及总局多位工作人员组成，其人员的挑选和薪资由总局执行局长提议，总局理事会主席决定。

职能秘书处负责准备议题和议程，这须由理事会主席批准；同时根据不同情形向理事会成员和受邀者发出邀请并对理事会的会议纪要和决议在专为此准备的记录簿上做好定期记录。

第123条

总局理事会主席负责报告供讨论的会议议程及发布理事会做出的决议。

理事会主席有权将其认为包括新兴事务在内的重要议题在会议上提出。

除经理事会主席特别批准，或有关部门调查令、法庭允许外，理事会成员的讨论不予公开不得泄露，这不妨碍理事会决议的公开。职能秘书处将会上讨论的综述、表决情况，以及对议题做出的决定在会议纪要中如实记录，并经主管部长批阅。

在必要时，经总局理事会主席批准，职能秘书处可将所提交要求做出决议的议题备忘录，连同理由、依据等通过下列方式（当面递交、传真、电子邮件）之一送达每一位理事会成员。理事会成员也可采用上述方式发表意见，在全体成员一致同意的情况下理事会做出决议，但在随后的第一次会议上应向理事会通报做出决议所采取的程序。

第124条

总局执行局长或其授权人有权在公司或企业违反投资法规定时向其发出一份警告函，令其在自警告之日起15个工作日内消除违法事由。

公司或企业未能在规定期间消除的，经总局理事会同意后总局执行局长有权中止其活动，为期不超过90天，上述中止决定书应包括将对公司或企业执行何种程序。如该公司或企业仍继续违法行为或在首次警告发出之日起一年内又违反其他规定的，根据其违法的严重性和屡犯程度，经总局理事会同意后，总局执行局长可给予以下处罚措施：

（1）中止享受既定鼓励政策和减免措施；

（2）缩短享受既定鼓励政策和减免措施的期限；

（3）视做出终止决定，以及对公司和企业颁发许可证照的影响，终止享受既定鼓励政策和减免措施；

（4）吊销所开展业务的证照。

对危害公众健康、公民安全和国家安全的违法行为，执行局长在向总局理事会通知后有权做出暂停为期90天业务活动的决定；如公司或企业继续违法行为或者在首次违法后一年内再次违反其他规定的，总局执行局长有权吊销其许可证照。

第125条

总局可将其在国内外投资机会的招商计划外包给一家专业的招商公司执行，但拟从事该活动的公司应为股份公司形式，经营范围仅限于为发展自由贸易区而开展的营销、招商及吸引投资者活动。

总局专备一个花名册用于登记满足由总局理事会决议确定后发布的可与订立外包协议的必要规范、财务条件、技术等该领域的专业公司。

第126条

公司应自生产或经营开始后下一个财政年度提交年度数据，包括以下信息：

（1）投资规模；

（2）财务报表；

（3）劳工、职员数量及其国籍，工资总额；

（4）最新决算的资本额、投资成本；

（5）公司总部及经营地；

（6）获得鼓励政策的类型；

（7）合伙人、股东及公司所有人的姓名；

（8）商业登记代码和税号；

（9）投资项目以外在社会发展领域公司所适用制度的说明；

（10）获批宗旨和享受鼓励政策的目的。

第二节 后续检查监督管理措施

第 127 条

总局负责跟进实施《投资法》及其《投资法实施条例》，在其职权范围内、在实施《投资法》和《股份公司、股份有限合伙企业和有限责任公司法》规定中研究来自股东、合伙人，以及其他利害关系人的复议事宜。

依据法律规定的原则和程序，总局有权对查明的任何违法行为采取其所认为必要的措施。

总局执行局长发布涉及对投资者的程序便利及简化、与时代发展同步的电子方式提交发票及单据方面的决定，从而实现在各种受理程序中对投资者的快速服务，尤其在以下环节：

（1）制定有关股东大会、公司董事会，以及核准会议纪要程序便利化的规范、条件，其中包括涉及受理时间、处理提交材料等其他方面，以及总局平台开通的电子服务方式；

（2）不与金融监管总局法定职能冲突，发展、整合、简化增资减资程序、财产评估系统及验证程序（即所确定的价值是否准确）；

（3）制定确保有关投资环节的编制与后续对公司监管相互独立的规范。

总局理事负责制定有关对各种法律形式公司的后续检查监督程序的规范及条件，该规范和条件优先适用于任何其他法律所规定的程序。

第 128 条

除总局对公司的监管外，总局还应制定确保法律赋予公司的治理方针原则、责任、保障、权利等方面得以实施的规章制度。

由总局理事会决议发布实施确保上述方针等实施的原则、规范和运行机制。

第三节 复议

第 129 条

组建一个或多个委员会受理由总局或颁发批准文件、许可证书、营业执照的主管行政部门根据《投资法》，以及本条例做出的行政决定的复议。

该委员会由以来自于某一司法机关并为该机关专门会议确定的一位顾问为首席委员、一位代表总局的委员和一位专家委员组成。

总局应制作一本收录不同领域专家的花名册以便从中选任成为复议委员的专家委员,须注意该委员应为复议请求领域的专家。由总局理事会决议发布确定收录上述专家的必要规范和条件,复议委员会的组成和运行机制由主管部长决定。

第130条

复议申请人应在行政决定送达或知道该行政决定之日起15天内向复议委员会提起复议。

复议委员会至少每15天在总局总部组庭审查,在专家委员缺席时,由总局执行局长做出决定从事先备好的花名册中任命排序其后的专家担任。

复议委员会可组织申请人和相对行政机关参加听证活动并提交复议委员会认为审查复议所需的说明、解释、文件等,并可借助总局和其他行政机关各种专业知识和经验的资源。

复议委员会在完成听取各方陈述、意见之日起30天内对所申请复议事项做出理由充分的复议决定。该事项的复议决定书是一审终局,对各方具有约束力。委员会职能秘书处应采用能获取收件人签收信息的挂号信方式将该决定书送达各方当事人。在上述期限未予做出复议决定的视为维持行政机关决定。

第131条

复议委员会可设一个包含多名专业、全职工作人员的职能秘书处,由主管部长决定该职能秘书处的组成人选;同时也可派遣人员到该职能秘书处。

职能秘书处负责接收专备格式的复议申请并在其接到之日于专门为此目的制作的登记簿上做好记录,向复议申请人出具注明登记号码及日期的收据;同时职能秘书处工作内容还包括:

(1)编制复议卷宗并在收到复议申请后立即呈递给复议委员会首席委员以便确定组庭审查;

（2）以本条例第 7 条规定的送达方式在审查之前将复议审查组庭人员告知申请人，须留有足够时间让本人或其法定代表人参与复议审查；

（3）履行委员会秘书职能，做好审查笔录；

（4）执行涉及委员会的各项行政工作，制作所提交的各种复议申请以及为此做出的复议决定的数据库；

（5）向当事人提供经其证明的复议决定书及做出决定依据的副本；

（6）其他委员会交办的事项。

第 132 条

复议申请应包括以下主要内容：

（1）申请人姓名、身份、住所地等；

（2）确定的申请复议的行政决定书及其做出日期、送达日期、送达方式；

（3）对复议案件的意见书，阐明依据；

（4）复议的支撑材料；

（5）交纳委员会受理复议费用的收据，该受理费由总局理事会确定。

第 133 条

总局应提供在线复议登记的模版，包括复议日期、复议事项、所请求复议的行政决定书，以及复议申请人的姓名、身份，复议委员会审查日期及延期等内容，该模版应链接到总局官方网站。

附录3 公司设立费用参考表

收费类型	金额	部门
律师协会的认证费	注册资本的0.5%，最高5000埃及镑和20埃及镑扣章费用	律师协会
公证费	注册资本的0.25%，最高500埃及镑	萨拉萨利姆大街公证处
商业注册费	个人独资：9.50埃及镑 股份公司：56埃及镑 合伙企业：64埃及镑 合伙企业（含外国合伙人）：76埃及镑	商业登记处
投资杂志出版费用	合资公司阿语：200埃及镑 合资公司阿英双语：400埃及镑 有限公司阿语：150埃及镑 有限公司阿英双语：300埃及镑 合伙企业或个人独资阿语：100埃及镑 合伙企业或个人独资英阿双语：200埃及镑	GAFI法务部
税务登记证	免除	投资税务部门
合资股份公司和发行股份的有限合伙公司股票发行费用	万分之五，最高10000埃及镑	埃及财政监管总局
内陆投资公司实物出资评估费用	实物出资价值的千分之二，最少5000埃及镑，最多7500埃及镑	GAFI